Robin Ahrend

AUTONOMIE
UND CORONA

Eine empirische Studie über die Auswirkungen des
Distanzunterrichts auf die Schüler*innenselbstständigkeit

Robin Ahrend studiert Englisch und Biologie für das Gymnasiallehramt an der Universität Koblenz-Landau.

Bibliografische Information der Deutschen Nationalbibliothek:
Die Deutsche Nationalbibliothek verzeichnet diese Publikation in der Deutschen Nationalbibliografie; detaillierte bibliografische Daten sind im Internet über http://dnb.dnb.de abrufbar.

Herstellung und Verlag:
BoD – Books on Demand, Norderstedt

ISBN: 978-3-7534-9867-6

Inhaltsverzeichnis

I

Einleitung

Durch den Nachweis der ersten Erkrankung mit dem Virus SARS-CoV-2 in Deutschland am 27. Januar 2020 begann eine gesellschaftliche Krise mit weitreichenden Folgen für nahezu alle Bereiche der Gesellschaft. Durch das nicht absehbare Entwicklungsgeschehen der Infektionszahlen verfügten die Landesregierungen der Bundesländer, auf Rat der Kultusministerkonferenz, landesweite Schulschließungen ab dem 13. März 2020. Die Schulschließungen führten dazu, dass klassischer Schulunterricht, sogenannter Präsenzunterricht, durch andere Lernformen mittels digitaler Medien ersetzt und in den Distanzunterricht nach Hause verlagert wurde (vgl. Fickermann & Edelstein, 2020, S. 10). Ein solcher Distanzunterricht, der in politischen, wissenschaftlichen und öffentlichen Diskussionen häufig als „Homeschooling" bezeichnet wird, dient zur Aufrechterhaltung der Schulpflicht und ist in der Bundesrepublik Deutschland beispiellos, so Wacker et al. (vgl. 2020, S. 80). Der Begriff ist in diesem Zusammenhang jedoch mit Vorsicht zu behandeln, da ein „Homeschooling", wie es beispielsweise in den Vereinigten Staaten praktiziert wird, indem die Eltern die Rolle der Lehrkraft übernehmen und über Lerninhalte und -formen entscheiden, nach Entscheidung des Bundesverfassungsgerichts in Deutschland verboten ist (vgl. Fickermann & Edelstein, 2020, S. 23; Klieme, 2020, S. 117). Inhalte und Methoden werden im Distanzunterricht weiterhin von den Lehrer*innen bestimmt. Lediglich der Lernort hat sich durch die Schulschließungen geändert.

Nach der Erstellung eines schulischen Hygienekonzepts konnten die Schulen in Rheinland-Pfalz am 25. Mai 2020 wieder öffnen und die Schüler*innen, erst im Wechselunterricht mit halben Klassen und nach den Sommerferien wieder im Präsenzunterricht unter Einhaltung der Hygieneregeln, am geregelten Schulunterricht teilnehmen. Aufgrund der steigenden Infektionszahlen mussten die Schulen bundesweit am 16. Dezember 2020 erneut schließen. Die Schüler*innen kehrten zurück in den Distanzunterricht. Dieses Mal für einen Zeitraum von etwa drei

Monaten, bis am 8. März 2021 die ersten Schüler*innen in geteilten Klassen wieder in die Schule zurückkehren konnten.

Mit der Verschiebung des Lernortes von der Schule nach Hause, haben sich die Bedingungen für das schulische Lernen grundlegend geändert. Der lehrer*innenzentrierte Anteil des Lehr-Lernprozesses trat deutlich in den Hintergrund, während schüler*innenzentriertes, selbstgesteuertes Lernen in den Vordergrund trat und den hauptsächlichen Anteil des Lernens ausmachte. Diese umfänglichen strukturellen Änderungen müssen sich zwangsläufig im Lern- und Sozialverhalten der Schüler*innen bemerkbar machen, v.a. im Hinblick auf ihre Autonomie, die ein pädagogisches Zielkonzept darstellt (vgl. Rülcker, 1990a, S. 20).

Um die Auswirkungen des durch die Schulschließungen bedingten Distanzunterrichts auf die Schüler*innenautonomie zu analysieren, wurde eine Befragung an einer rheinland-pfälzischen Gesamtschule durchgeführt. Konkreter wurden vier Schüler*innen in teilstandardisierten Interviews, durch einen Lehramtsstudierenden der Universität Koblenz-Landau, zu ihrem Lernen im Distanzunterricht befragt. Die aus den Interviews gewonnenen Aussagen dienen als Grundlage für die Erörterung der Auswirkungen des Distanzlernens auf die Schüler*innenautonomie, die anhand der qualitativen Inhaltsanalyse durchgeführt wird. Sie soll Aufschluss darüber geben, ob es während des Distanzunterrichts gelungen ist, die Schüler*innen in ihrer Autonomieentwicklung zu fördern. Die Erkenntnisse dieser Studie im Hinblick auf die Schüler*innenautonomie dienen zum einen als Orientierungspunkt für die Weiterentwicklung des Distanzunterrichts, da wiederkehrende Schulschließungen durch den globalisierten Markt, den Klimawandel und damit die Ausbreitung von Infektionskrankheiten, nicht auszuschließen sind, zum anderen um die Bedeutung der Autonomieförderung für den schulischen Unterricht insgesamt hervorzuheben.

In der vorliegenden Studie wird zunächst der Begriff der Autonomie anhand seiner historischen Entwicklung chronologisch geschildert. Daran schließen sich gegenwärtige pädagogische Vorstellungen im familiären und schulischen Umfeld, wie die Schüler*innenautonomie gefördert werden kann und welche Probleme sich dabei ergeben, an. Im Anschluss daran, wird das gewählte empirische Erhebungsverfahren der Leitfadeninterviews und die Forschungsmethode der qualitativen Inhaltsanalyse erläutert. Abschließend werden die Ergebnisse aus den Schüler*inneninterviews dargestellt, analysiert und diskutiert.

1. Die Entwicklung des Autonomiekonzepts

Der Autonomiebegriff zeichnet sich zunächst durch „seine Wurzellosigkeit und Unschärfe aus", wie Seidel (2016, S. 12) anmerkt. Der Autor schreibt, dass es sich bei der Autonomie um einen philosophischen Fachbegriff handle, dem viele Menschen mit Unwissen begegnen, da er im alltäglichen Sprachgebrauch nur selten bis gar nicht auftauche. Selbst in zahlreicher Fachliteratur scheint die Verwendung des Begriffs inkonsequent und unscharf. Normalsprachliche Formulierungen, mit denen man häufiger in Kontakt tritt, sind: „über etwas selbst bestimmen, ein eigenes Leben führen, eine eigene Entscheidung treffen, die Wahl haben, sich selbst beherrschen, die Kontrolle haben/ verlieren, [...] eigenständig denken, selbstständig leben, seinen eigenen Weg gehen, etwas auf seine eigene Weise tun" (Seidel, 2016, S. 13) und so weiter. Um die Facetten der individuellen Autonomie als personale Errungenschaft in ihrer Vielschichtigkeit verstehen zu können, ist die geschichtliche Entstehung dieses pädagogischen Konzeptes von großer Bedeutung. Die folgenden Unterkapitel sollen, angefangen im antiken Griechenland, über die aufklärerischen Ideen u.a. von Kant und Rousseau, und die Reformpädagogik bis hin zur Diskussion nach dem Zweiten Weltkrieg, diese Vielschichtigkeit in überschaubarer Weise abbilden.

1.1 Das Konzept von Autonomie im antiken Griechenland

Bevor sich der Begriff der Autonomie als pädagogische Zielvorstellung etablierte, wurde er in einem liberal-politischen Kontext genutzt. Autonomie bezeichnete die politische Unabhängigkeit griechischer Stadtstaaten, den Poleis (πόλεις), ihre Gesetze selbst verabschieden zu können und somit autonom zu handeln. Es ging also zunächst um die Frage der politischen Freiheit selbst- oder fremdbestimmter Poleis. Daher leitet sich dieser in vielfacher Weise heute genutzte Begriff von den Worten autos (αὐτός, selbst) und nomos (νόμος, Gesetz) ab, was als *sich selbst Gesetze geben* übersetzt werden kann (vgl. Dietz, 2013, S. 256).

Aus juristischer Perspektive ist diese ursprüngliche Definition erhalten geblieben, wenn es beispielsweise um das Selbstverwaltungsrecht von Kommunen oder Hochschulen geht, oder im Staats- und Völkerrecht, wenn von der Souveränität der Staaten die Rede ist, in dessen andere Staaten nicht intervenieren dürfen (vgl. Zoglauer, 2010, S. 11).

Erst seit dem fünften Jahrhundert vor Christus existieren schriftliche Belege über die Ausweitung des politischen Autonomiebegriffs auf den Menschen. Zwar kann man hier Platon, Sophokles, Aristoteles oder Sokrates als Repräsentanten griechischer Philosophen nennen, die den Begriff vom Stadtstaat auf das Individuum ausweiteten, dennoch ist die Vorstellung personaler Autonomie stark an staatliche Gesetze und den Begriff der inneren Freiheit gebunden (vgl. Marshall, 1996, S. 85). Sokrates charakterisiert sie beispielsweise als Grundlage menschlicher Existenz: „Das Freie ist das, was über sich selbst herrscht […] Freiheit ist Führerschaft des Lebens, Selbstherrschaft über alles, Macht" (Dietz, 2013, S. 257). Auch wenn die revolutionären Überlegungen des antiken Griechenlands den Ansatz innerer Freiheit manifestierten, haben sie ein Autonomiepostulat losgetreten, welches in späteren Epochen von der Pädagogik wieder aufgegriffen und als unveräußerliches Recht in das Grundgesetz aufgenommen wurde. Dietz (2013) schreibt, „was im alten Athen […] begonnen hatte, erhält im 20. Jahrhundert Verfassungsrang" (S. 257).

1.2 Die aufklärerische Idee der individuellen Autonomie

Das Konzept individueller Autonomie, das in der westlichen Zivilisation als selbstverständliches Anrecht angesehen wird, wurde zunächst durch zahlreiche geistesgeschichtliche Strömungen geformt, bevor es Einzug in einen Gesetzesentwurf fand. Als eine der prägendsten Epochen nach den griechischen Überlegungen ist hier die Aufklärung zu nennen, seit der sich die Autonomie als fundamentaler Wert in liberal-demokratischen Gesellschaften etabliert hat. Bestimmend hierfür waren u.a. die Vorstellungen des deutschen Philosophen Immanuel Kant, der den Begriff der sittlichen Autonomie zum Grundbegriff seiner Ethik und Moralphilosophie machte. Er übertrug das Modell der politisch-rechtlichen Selbstgesetzgebung auf den individuellen Menschen, den er als selbst gesetzgebendes, moralisches Subjekt charakterisierte (vgl. Zoglauer, 2010, S. 11f).

Für Kant ist eine Person nur dann autonom, wenn sie sich ihre universellen, moralischen Gesetze selbst auferlegt und diese wiederum nicht von äußeren Faktoren, sondern von Rationalität geleitet werden. Das bedeutet im Gegenschluss, dass eine Person dann *nicht* autonom ist, also heteronom bestimmt wird, wenn ihre Entscheidungen und Handlungen von Faktoren wie politischen und religiösen Autoritäten, Konventionen, Zwängen oder sogar den eigenen Wünschen beeinflusst werden (vgl. Taylor, 2017). Um rational im Sinne Kants zu handeln, muss das menschliche Individuum nach allgemeingültigen Regeln leben, die unabhängig von den eigenen Wünschen, für alle gleichermaßen gültig sind. Diese Forderung drückt Kant in allgemeiner Form durch einen seiner kategorischen Imperative aus: „Handle nur nach derjenigen Maxime, durch die du zugleich wollen kannst, daß sie ein allgemeines Gesetz werde" (Kant, 1870, S. 44). Entscheidet sich jemand nach einer bestimmten Maxime, einem Leitsatz, zu handeln, so muss dieser zu jeder Zeit für jeden ähnlich situierten rationalen Akteur gültig sein. Taylor (2017) erklärt, dass Personen, die ihr Handeln durch den kategorischen Imperativ begründen, beispielsweise nicht in der Lage seien, zu ihrem eigenen Vorteil zu lügen. Sie können nämlich nicht wollen, dass Lügen zu einem allgemeinen moralischen Gesetz werden würde. In Übereinstimmung mit dem kategorischen Imperativ zu handeln, ist dann, nach Kant, Autonomie. Wenn eine so als autonom charakterisierte Person ihren Eigenwert anerkennt, muss sie den der anderen ebenfalls anerkennen. Kant formuliert seine Schlussfolgerung wie folgt: „Handle so, daß du die Menschheit sowohl in deiner Person, als in der Person eines jeden andern jederzeit zugleich als Zweck, niemals bloß als Mittel brauchst" (Kant, 1870, S. 53). Überwindet ein Mensch seine Neigungen und handelt nach moralischen Gesetzen der Vernunft, die er sich selbst auferlegt, ist er in diesem Sinne autonom (vgl. Giesinger, 2020, S. 235).

Nach der kantischen Auffassung ist der Mensch ein empirisches Wesen, welches einerseits den Naturgesetzen untergeordnet ist, andererseits aber auch die Fähigkeit besitzt, sich nach Gesetzen der moralischen Vernunft zu richten (vgl. Giesinger, 2020, S. 236). Wenn der Mensch diesen Naturgesetzen gänzlich unterworfen wäre, dann wäre er ausnahmslos heteronom und würde ausschließlich auf Umweltreize reagieren (vgl. Zoglauer, 2010, S. 13). Da der Mensch dies nicht vermag, ist er somit pädagogisch beeinflussbar. Durch Erziehung, so Kant, entgeht der Mensch seinen tierischen Trieben, die unabhängig von jeglichen Gesetzen auftreten. Um die Grundlage für die Erziehung zu autonomer Moralität zu schaffen, muss sich das zu erziehende Subjekt äußerlich an gewisse Regeln halten. Die Durchsetzung dieser Regeln kann nach Kant mit Disziplinierung und Zwang erreicht werden (vgl. Giesinger, 2020, S. 236). Dabei stellt sich Kant die Frage, „wie kultivire ich die Freiheit bei dem Zwange?" (Kant, 1803, S. 27). Gleichzeitig sieht er die Problematik der Erziehung zwischen der Unterwerfung unter gesetzliche Zwänge und der Vereinbarkeit individueller Freiheit (vgl. Schaare, 1998, S. 108). Kant schreibt, dass man dem Subjekt beweisen muss, „daß man ihm einen Zwang auflegt, der es zum Gebrauche seiner eigenen Freyheit führt, daß man es kultivire, damit es einst frey seyn könne, d. h. nicht von der Vorsorge Anderer abhangen dürfe" (Kant, 1803, S. 27). Dennoch war sich Kant darüber bewusst, dass Zwänge, Drohungen und Sanktionen gerade nicht bewirken, dass der Mensch aus eigener Einsicht moralisch richtig handelt (vgl. Giesinger, 2020, S. 236), sondern primär von äußeren Faktoren gesteuert wird. Hier lassen sich erste Züge zur Integration des zu erziehenden Subjekts in den Erziehungsprozess erkennen.

Neben Kants Idee von der Autonomie des Individuums rückten auch die individuellen Rechte des Kindes und die Anerkennung der besonderen Lebensphase in den Vordergrund. Hatte der Philosoph Johann Amos Comenius bereits im 17. Jahrhundert den Stellenwert des Kindes anerkannt, sind es v.a. die Pädagogen Jean Jacques Rousseau und

Johann Heinrich Pestalozzi, die der kindlichen Lebensstufe ihr eigenes Recht einräumten und dieses gegen religiöse und staatliche Ansprüche verteidigten (vgl. Schiess, 1973, S. 22f). Mit Rousseau und Pestalozzi hat ein reformierter Blickwechsel stattgefunden, der sich u.a. aus den fragwürdigen Machtverhältnissen seit der Renaissance und der Reformation herausgebildet hatte. Ihre pädagogischen Vorstellungen lösten sich von denen, dessen Konzepte die reine Loyalitätssicherung mittelalterlicher Privilegiengesellschaften vorsahen und sie erkannten die Besonderheiten der Kindheit und der Jugendphase (vgl. Schiess, 1973, S. 22f). In seinem Erziehungsroman *Émile ou De l'éducation* (zu deutsch: *Émile oder Über die Erziehung*) beschreibt Rousseau erstmals die eigenständige kindliche Existenz und dessen Entwicklungsprozesse nicht als transitive Stadien zu dem intendierten Ziel des Erwachsenseins, sondern er erkennt die Daseinsberechtigung der Kindheit an (vgl. Bast, 2000, S. 38). Stübig (2003) fasst den Inhalt dieses Romans wie folgt zusammen:

> Der Knabe Émile wird von seinem Erzieher beobachtet und begleitet. Die Aufgabe dieses Erziehers besteht in der Entfaltung und Stärkung der Anlagen des Kindes. Er folgt in seinem Handeln keinen von außen gesetzten Zielen, sondern ausschließlich der kindlichen Entwicklung und bringt damit die Stärke des Kindes hervor; nicht äußerer Zwang, sondern das Kind selbst ist der leitende Maßstab, der es zur Mündigkeit und Selbstbestimmung führt (S. 10).

Rousseau sieht bei seiner kindorientierten Erziehung die Herauslösung aus gesellschaftlichen Lebensbezügen vor. Die Erziehung zur Autonomie, so Drieschner (2007), hat nach Rousseau den natürlichen Anlagen des Kindes zu folgen, d.h. dessen Vermögen und Begabungen zu fördern und zu fordern und damit dessen Eigenrecht gegen koventionelle Zwecke und Ziele zu verteidigen (vgl. S. 22). Die Vorstellung von Selbstständigkeit und personaler Autonomie steht nun religiöser Abhängigkeit aus mittelarterlichen Vorstellungen entgegen. Diese neuartige Sichtweise auf die Erziehung wird durch die Ausgliederung des Kindes oder des Jugendlichen aus der familiären Erwerbsarbeit ermöglicht und schafft einen Schutzraum für die erzieherische Ausrichtung an den Bedürfnissen der oder des Minderjährigen. Dies zeigte sich v.a. durch die Einrichtung von Kinder- und Jugendzimmern zusammen mit altersgerechtem Spielzeug und Literatur (vgl. Drieschner, 2007, S. 19f). Rousseau löste mit seinen Forderungen eine Bewegung aus, die noch nachdrücklicher von Pestalozzi thematisiert wurde.

Pestalozzi erkannte die Bedeutung der vertrauensvollen Beziehung zwischen Kind und Erzieher*innen. Letztere verstand er, wie Rousseau, nicht mehr als Beauftragte oder Repräsentat*innen staatlicher oder kirchlicher Mächte, sondern als Akteur*innen, die sich an den kindlichen Besonderheiten orientieren. Hier lassen sich erste Ansprüche herausarbeiten, die nicht nur eine Autonomie des Kindes, sondern auch eine Autonomie der Erziehenden fordern (vgl. Schiess, 1973, S. 44). Erziehung hatte nun nicht mehr stummen Gehorsam und Brechung des Willens zum Ziel, sondern orientierte sich an der Selbstständigkeit des zu erziehenden Subjekts, die zur sittlichen Autonomie führen sollte (vgl. Christman, 2020). Bast (2000) spricht von einem radikalen Wechsel der Blickrichtung zur „Pädagogik vom Kinde aus" (S. 50). Während Pestalozzi sich lediglich auf eine familiäre Elementarbildung spezifiziert hat, so Schiess (1973), stößt Rousseau in seinen utopischen Vorstellungen von der vollständigen Herauslösung aus gesellschaftlichen Lebensbeziehungen auf unüberwindbare Hindernisse (vgl. S. 44). Inwieweit jene Konventionen für die Autonomieentwicklung unabdingbar sind, wird an anderer Stelle genauer erläutert. Dennoch verdanken wir der aufklärerischen Bewegung die Einrichtung der Schule für alle (vgl. Stübig, 2003, S. 10). Meyer-Drawe (2000) sieht die Wirksamkeit dieser Überlegungen der Aufklärung darin, dass Autonomie zu einem oppositionellen Begriff wurde. Der Begriff bot ein Gegenkonzept an, das sich gegen die vermeintlich unantastbaren Zwangsmechanismen richtete und gesellschaftliche Veränderungen plausibel machte (vgl. S. 8). Dieser Emanzipationsprozess führte u.a. durch Erkenntnisse der Naturwissenschaft und als Folge des neuen Selbstbewusstseins zur Verschiebung der Ideale von Kirche und der Vergangenheit in die

Zukunft, auch wenn dieses vorgestellte Konzept noch nicht explizit als Autonomie bekannt war (vgl. Schiess, 1973, S. 15).

1.3 Autonomie in der Pädagogik der Moderne

Bevor wir uns der pädagogischen Diskussion zur Autonomie des 20. Jahrhunderts nähern, sind zunächst drei wichtige Pädagogen stellvertretend für das 19. Jahrhundert zu nennen. Wilhelm von Humboldt erkennt, ebenso wie die genannten Vertreter der Aufklärung, die Entfaltung der individuellen Fähigkeiten als legitime Aufgabe der Erziehung an. Seine Individualpädagogik unterscheidet sich jedoch von eben diesen Ideen in der Hinsicht, dass „die dem Individuum gegenüberstehende Welt mit ihren kulturellen Inhalten das entscheidende didaktische Medium darstellen, den einzelnen zur sittlichen Vollkommenheit zu bilden" (Bast, 2000, S. 51). Er versteht Bildung zwar als einen individuellen Lernprozess, dieser soll sich jedoch an der Gesellschaft orientieren. Laut seiner Auffassung ist derjenige Mensch gebildet, der „so viel Welt als möglich zu ergreifen, und so eng, als er nur kann, mit sich zu verbinden" (Humboldt, 1793; 2017, S. 6) weiß. Auch wenn dieser Ansatz den Anschein erwecken mag, Humboldt orientiere sich an eben jenen konventionellen Leitbildern, die Rousseau und Pestaozzi ablehnten, soll Bildung nicht die bloße Enkulturation, sondern eine reflektierte Wahrnehmung und Inbeziehungsetzung zu sich selbst sein. So schreibt Humboldt: „Gelingende Bildung […] wird erreicht, wenn der Mensch aus dem Verstehen von Welt, in sich zurückkehrt" (zitiert nach Drieschner, 2007, S. 20). Neben Humboldt beschäftigte sich auch Friedrich Schleiermacher mit der Individualpädagogik, die eng mit der Autonomie verknüpft ist. Schleiermacher fordert eine Pädagogik, die sich der Individualität des zu erziehenden Subjekts annimmt, versteht sie jedoch im Wesentlichen als eine klassisch objektive Aufgabe, um die Aufrechterhaltung und den Fortbestand der Kultur zu sichern (vgl. Bast, 2000, S. 55f).

Zurückgreifend auf die kantische Idee von Autonomie als durch Vernunft geleitetes Konzept, definiert der britische Philosoph John Stuart Mill Mitte des 19. Jahrhunderts den Autonomiebegriff nicht mehr, wie Kant, als rein moralisches Konstrukt. Nach seiner Auffassung muss der Mensch, um Herr seines eigenen Willens zu werden, seinen natürlichen Trieben und Wünschen folgen, die er als *desires and impules* beschreibt (vgl. Rössler, 2017, S. 33-36). Diese Annahme unterscheidet sich von Kants Konzept in der Hinsicht, dass autonome Personen durch Wünsche motiviert sein können, diese aber die eigenen sein müssen. Mills Darstellung von Autonomie ist in der heutigen normativen Ethik stärker vertreten, da sie als realistischer umzusetzen erscheint (vgl. Taylor, 2017).

1.4 Reformpädagogische Ansätze zur Autonomie

Bis zum Ende des 19. Jahrhunderts wurde die Schule als eine Institution zur Vermittlung von Kulturgütern verstanden. Bildung, die auf Selbstbestimmung und Individualität abzielt, kann als eine Reaktion auf die Veränderungen des Arbeitslebens und familiärer Strukturen verstanden werden, die einen Gegenentwurf zu diesen etablierten Praktiken im Kaiserreich darstellten (vgl. Drieschner, 2007, S. 20-24). Als Ausgangspunkt der sich an das 19. Jahrhundert anschließenden reformpädagogischen Bewegung ist die prinzipielle Kritik an den traditionellen Erziehungsmethoden im Wilhelmischen Kaiserreich zu nennen. Sie stellt erstmals die individuellen Schüler*innen in das Zentrum von Unterricht und charakterisiert Schule als einen Ort, an dem eben jene selbsttätige Erfahrungen machen. Der selbsttätige Erziehungsprozess soll die Schüler*innen zur Selbstständigkeit führen. Dies sind die ersten expliziten Überlegungen, die die Selbstständigkeitsförderung an Schulen fordern und sich gegen die Konzepte der alten Lernschulen wenden (vgl. Stübig, 2003, S. 11). Als eine der bedeutensten Reformpädagog*innen ist die italienische Ärztin Maria Montessori zu nennen. Montessoris Grundhaltung beeinhaltet die

Aktivierung verborgener Fähigkeiten und die Motivierung der Kinder. Sie sieht in ihren Aufgaben diese Kräfte zu wecken, die Kinder aus ihrer unmündigen Abhängigkeit von den Erwachsenen zu befreien und sie dadurch zu Autonomie zu führen. Diese Erziehung zur Selbstständigkeit vollzieht sich nur durch das eigene Tun der Kinder, die aus sich heraus aktiv ihren eigenen Zielvorstellungen folgen und aus ihren Ideen und Fähigkeiten Aktivitäten herausbilden (vgl. Becker-Textor, 2003). Das heißt jedoch keineswegs, dass die Erzieher*innen das Kind sich selbst überlassen, sondern, dass sie den eigenständigen Kindern helfen, Herausforderungen selbst zu bewältigen. Montessori orientiert sich an der kindlichen Forderung:

> Hilf mir, es selbst zu tun. Zeig mir, wie es geht. Tu es nicht für mich. Ich kann und will es allein tun. Hab Geduld, meine Wege zu begreifen. Sie sind vielleicht länger, vielleicht brauche ich mehr Zeit, weil ich mehrere Versuche machen will. Mute mir Fehler zu, denn aus ihnen kann ich lernen (Montessori, 1941; 2015, S. 169).

Die Aufgabe der erziehenden Personen besteht nun darin, die für die Selbstständigkeitsförderung produktiven Lernumgebungen zu schaffen. Dies beeinhaltet das Schaffen eines lernfreundlichen, harmonischen Arbeitsklimas, die Kinder zu beobachten, deren Verhalten zu reflektieren und ggf. Korrekturen für darauffolgende Lernaktivitäten zu treffen. Zu diesem selbsttätigen Lernen gehört auch eine Anpassung der Erziehenden. Laut Montessori ist es für viele Erzieher*innen schwer vorstellbar, dass Kinder keine Hilfe benötigen um Fehlermanagement zu betreiben. Außerdem können viele Erzieher*innen den durch das Kind gewählten Weg, oder repetitiv ausgeführte Handlungen, nicht nachvollziehen. Erkennen die Erzieher*innen die Vorgehensweise eines Kindes als zwecklos an, wird diese meist unterdrückt. Das stellt nach Montessori einen erheblichen Erziehungsfehler dar (vgl. Becker-Textor, 2003).

Neben Montessori sind an dieser Stelle auch deutsche Vertreter*innen der Reformpädagogik zu nennen. Einer dieser Reformpädagog*innen ist Herman Nohl. Seiner Ansicht nach ergibt sich aus der neuentdeckten Autonomie des Kindes konsequenterweise die Autonomie der Pädagogik als eigenständiger Wissenschaftszweig, der sich den kindlichen Ansprüchen verpflichtet (vgl. Bast, 2000, S. 15). Nohl erkennt, seit seiner Zuwendung zur Pädagogik, die Bedeutung der Autonomie für die Theorie der Erziehung. Er betont v.a. die Bedeutung der Autonomie der Erzieher*innen, die sich nicht von gesellschaftlichen, staatlichen, religiösen oder wirtschaftlichen Interessen instrumentalisieren lassen dürfen. Die Erzieher*innen sind ausschließlich dem Wohl des Kindes verpflichtet und dienen dessen Mündigwerdung. Sie können sich dieser verantwortungsvollen Aufgabe nur völlig frei und unvoreingenommen hingeben, wenn sie ohne Außeneinwirkung die notwenigen Freiheiten erhalten, pädagogisch Handeln zu können. Nohl versteht das Konzept jedoch nicht als absolute, sondern als relative Autonomie. Das bedeutet gerade nicht, dass sich die Erzieher*innen in ihren Tätigkeiten völlig von der Gesellschaft isolieren sollen, wie es Rousseau angenommen hatte, denn das ist in einem unlösbaren Zusammenhang zwischen Erziehung und dem kulturellen Ganzen nicht möglich. Sie sollen vielmehr das zu erziehende Subjekt von Übergriffen durch verschiedene Interessens-gruppen wahren und die Interessen des Kindes vertreten (vgl. Bast, 2000, S. 20f).

Die Erzieher*innen müssen sich, nach Nohl, neutral gegenüber bestimmten Parteien verhalten und dürfen nicht versuchen die freie Entwicklung des Kindes zu beeinflussen. Nohl sieht die Aufgabe der Erzieher*innen in der Entwicklung der Selbstbestimmung des Kindes. Um Kinder und Jugendliche zu autonomen beurteilungs- und handlungsfähigen Subjekten zu machen, müssen die objektiven Lerninhalte gezielt eingesetzt, gewählt oder zurückgestellt werden. Diese Autonomieförderung erzielen die Erzieher*innen durch zurückhaltende, jedoch gezielte Führung, die nicht aus Angst vor Gewalt, sondern durch die Akzeptanz des Erwachsenenwillens hervorgerufen wird (vgl. Schiess, 1973, S. 29). Aus der Autonomie des Kindes und der Autonomie der Erzieher*innen ergibt sich für Nohl konsequenterweise auch die Autonomie der Bildungsinstitutionen.

Zur Zeit der Weimarer Republik wird die Frage nach der pädagogischen Autonomie zu einer der Grundfragen der Erziehungswissenschaften. Georg Geißler, ein Schüler von Herman Nohl, schreibt: „Wie in jedem anderen Kulturgebiet, so hängt auch bei der Pädagogik ihre ganze Mächtigkeit in erster Linie ab von der klaren [...] Herausarbeitung ihrer selbstständigen Leistung innerhalb des Kulturganzen" (Geißler, 1929, zitiert nach Schiess, 1973, S. 43). Der Selbstständigkeitsanspruch der Pädagogik richtet sich gegen diejenigen sozialen Kräfte, die versuchen dessen Eigenständigkeit zu unterdrücken (vgl. Berka, 2002, S. 31). Richten sich Nohl und Geißler v.a. nach dem Nachweis der Eigenständigkeit der Pädagogik, so ist es Wilhelm Flitner, der die besondere Stellung der Erzieher*innen erst durch den Konflikt zwischen den gesellschaftlichen Institutionen sieht. Die Erzieher*innen werden zu Anwält*innen der Kinder und vertreten deren Rechte (vgl. Schiess, 1973, S. 48). Daraus leitet Erich Weniger die relative Autonomie der Erziehung ab, die aus der Eigengesetzlichkeit der Erziehenden erwächst. Sie entspricht dem demokratischen Bildungsideal der Mündigwerdung und ist in der damaligen Reichsverfassung verankert. Die Diskussion um die Autonomie in der Pädagogik erlangte gegen Ende der Weimarer Republik ihren Höhepunkt, obwohl, wie oben dargestellt, dessen Vertreter*innen keine einheitliche Front bildeten. Das führte dazu, dass ihre Forderungen keine politische Resonanz erhielten und bis zur Gründung des Dritten Reiches keine gemeinsame Übereinkunft über die pädagogische Autonomie erzielt werden konnte (vgl. Schiess, 1973, S. 58f).

1.5 Pädagogische Autonomie im Dritten Reich

Mit der Machtergreifung im Jahr 1933 wurde die Diskussion über die Autonomie abrupt beendet (vgl. Schiess, 1973, S. 91). Der zu dieser Zeit in Deutschland beginnende Totalitarismus sah eine Gleichschaltung der Institutionen, so auch der Bildungseinrichtungen, vor. Die nationalsozialistische Weltanschauung war kompromisslos und akzeptierte keine andere pädagogische Ansicht, als die eigene. Der Richtungsgeber dieser völkischen Erziehung war Adolf Hitler:

> Der völkische Staat hat [...] seine gesamte Erziehungsarbeit in erster Linie [...] auf das Heranzüchten kerngesunder Körper (einzustellen). Erst in zweiter Linie kommt dann die Ausbildung der geistigen Fähigkeiten. [...] Mit Wissen verderbe ich mir die Jugend. [...] Aber Beherrschung müßen sie lernen. Sie sollen mir in den schwierigsten Proben die Todesfurcht besiegen können lernen (Hitler, Mein Kampf, 1933, zitiert nach Schiess, 1973, S. 90).

Hitler, so Schiess (1973), sah Erziehung lediglich als ein Mittel für seine politischen Ideologien. Für eine Pädagogik, die auf die Bedürfnisse und Interessen der Kinder eingeht, sie in ihren Fähigkeiten stärkt, sie zu selbstbestimmten Bürgern formt und ihre Lebensstufe wertschätzt, gibt es in einem solchen totalitären Regime keinen Platz (vgl. S. 93). Nationalsozialistische Erziehungsbeauftragte lehnten die Theorie der pädagogischen Autonomie einstimmig ab, da sie einer Epoche anzugehören schien, die das deutsche Volk schwäche (vgl. S. 92). Die pädagogische Arbeit im Dritten Reich legte ihre Erziehungs- arbeit v.a. auf Heteronomie, also Fremdbestimmtheit aus. Sie stellt nach Kant das Gegenteil der Autonomie dar. Die nationalsozialistischen Pädagog*innen erkannten zwar das ungestörte körperliche und seelische Wachstum der Kinder in den ersten zehn Lebensjahren an, aber nur zu dem Zweck, den späteren, durch den „Führerbefehl" erteilten, Aufgaben Folge zu leisten. Die Nationalsozialisten bereiteten die Jugend, die sie als „unverdorbenes Material" bezeichneten, für die politsche Manipulation und propagandistische Zwecke vor (vgl. S. 93f). Hitler äußerte sich in einem Interview wie folgt dazu:

> Meine Pädagogik ist hart. Das Schwache muß weggehämmert werden. [...] Eine gewalttätige, herrische, unerschrockene, grausame Jugend will ich. [...] Schmerzen muß sie ertragen. Es darf nichts Schwaches und Zärtliches an ihr sein. Das freie, herrliche Raubtier muß erst wieder aus ihren Augen blitzen. [...] So merze ich die tausende von Jahren der menschlichen Domestikation aus (Hitler, 1940, zitiert nach Schiess, 1973, S. 94).

Jede das Kind als Individuum schätzende Pädagogik wird im Dritten Reich nicht zugelassen. Die Unterdrückung selbiger sollte die Aufdeckung nationalsozialistischer Fehldeutungen verhindern.

Diejenigen, die nicht bereit waren sich dieser Ideologie zu beugen, wurden als Staatsfeind, „Judenknecht", oder „Liberalist" verfolgt (vgl. Schiess, 1973, S. 95).

1.6 Die Autonomiediskussion seit 1945

Nach dem Zweiten Weltkrieg wurde die Autonomiedebatte an der Stelle wieder aufgenommen, an der sie 1933 zum Erliegen gekommen war. Obwohl eine mangelhafte kritische Reflexion und die bereitwillige Unterordnung autonomer Individuen unter totalitäre Systeme den Weg für den Nationalsozialismus bereitet hatten, wurden die Ideologien im Dritten Reich mit der Abkehr von christlichen Werten erklärt. Aus diesem Grund blieb auch nach dem Zweiten Weltkrieg das Konzept der pädagogischen Autonomie weiterhin umstritten (vgl. Bast, 2000, S. 68).

Gerade Herman Nohl setzte sich 1945 für die Öffnung der Schulen und eine Etablierung der relativen Autonomie ein. Er sah, anders als die breite Masse, das mangelnde Verständnis für die Autonomietheorie als Folge einer falschen Idealbildung, die blinden Gehorsam für verbrecherische Befehle ebnete. Seine Theorie der Autonomie bleibt nach dem Zweiten Weltkrieg unverändert. Er geht von einer relativen Autonomie aus, die versucht das Kind mit Liebe und Autorität zur Mündigkeit zu verhelfen, wobei sie das Eigenrecht des Kindes vor dem Hintergrund der Anforderungen der gesellschaftlichen Mächte anerkennt (vgl. Schiess, 1973, S. 112f). Erich Weniger sieht, wie Nohl, die Notwendigkeit die Diskussion über die Autonomie nach 1945 wieder aufzunehmen. Er betont neben den Argumenten Nohls auch die außerordentliche Bedeutung der relativen Autonomie für die Demokratie. So schreibt Weniger:

> Demokratie bedeutet Verantwortlichkeit. [...] Verantwortlichkeit wiederum bedeutet Freiheit. [...] Freiheit aber setzt Reife und Einsicht voraus. [...] Einsicht und Reife aber wachsen dem Menschen nun einmal nicht von selber zu, sondern nur in der Begegnung mit den wirkenden Kräften der Welt. [...] Diese Kräfte werden zur Begegnung dargeboten in der Schule; sie werden repräsentiert durch die Lehrer. Das wiederum verlangt, daß Schule und Lehrer

so sind und so erscheinen, daß in ihnen eben die wirklichen Kräfte verkörpert werden, aus denen die Demokratie lebt [...] (Weniger, 1959, zitiert nach Schiess, 1973, S. 115).

In seinen Aussagen verdeutlicht Weniger die Bedeutung des Autonomiegedankens und verknüpft sie mit vorausgegangenen Konzepten, die keineswegs die Beziehung zwischen Erzieher*innen und gesellschaftlichen Mächten leugnen. Neben Nohl und Weniger nahm auch Flitner wieder an der Autonomiedebatte teil und knüpfte an die Überlegungen der 1920er Jahre an. Er baute sein Verständnis von Autonomie jedoch immer noch auf die schwache Position derselben als autonome Wissenschaftsdisziplin auf und setzte sich für diese weiter ein (vgl. Schiess, 1973, S. 120f).

Nach Georg Geißlers Auffassung ist die pädagogische Autonomie in den 1950er und 1960er Jahren eine Tatsache, die zur Zeit der Weimarer Republik ausgiebig erläutert worden war. Die Anerkennung der Autonomie des Kindes soll, laut Geißler, jedoch nicht bei der Wahl der Schulform als einmaliger Akt enden, sondern sich durch den gesamten Erziehungsprozess hindurchziehen. Ähnlich wie Flitner, findet Geißler, dass eine Sicherung der kindlichen Autonomie nur dann gewährleistet ist, wenn die Pädagogik in ihrem vollen Umfang als eigenständige Wissenschaftsdisziplin anerkannt wird (vgl. Schiess, 1973, S. 123).

Für die zu dieser Zeit ebenfalls tätigen Pädagogen Fritz Bohnsack und Georg Rückriem muss die Gesellschaft ihrer Jugend gewisse Freiräume zugestehen, in denen sie ihre Mündigkeit erproben können. Sie sehen die politisch relevante Bedeutung der Förderung zur Autonomie in der Fähigkeit, Kritik an bestehenden gesellschaftlichen Verhältnissen zu üben. Das aus der Autonomie heraus wachsende Demokratieverständnis dient dann im Wesentlichen zum Abbau illegitimierter Herrschaft (vgl. Bast, 2000, S. 91f). In seinen Überlegungen stellt Rückriem die Schule als einen unselbstständigen Verhandlungspartner zwischen Kind und Gesellschaft dar. Er kommt zu dieser Schlussfolgerung, da die Ordnungsprinzipien der jeweiligen regierenden Institutionen die Bilungs- und Erziehungsideale bestimmen, de facto den Inhalt der Erziehung und damit die Realisierung der Autonomie (vgl. Schiess, 1973, S. 137).

In vergleichbaren Überlegungen zur Verhinderung eines zweiten Holocausts, landet der Philosoph Theodor Adorno bei dem Begriff der Autonomie. „Die einzig wahrhafte Kraft gegen das Prinzip von Auschwitz wäre Autonomie, wenn ich den kantischen Ausdruck verwenden darf; die Kraft zur Reflexion, zur Selbstbestimmung, zum Nicht-Mitmachen" (Adorno, 1971, zitiert nach Nordström, 2009, S. 90). Adorno spricht hier explizit die bereits erwähnte blinde, unreflektierte Fügung unter fremdbestimmte Ideologien an. Durch den blinden Gehorsam, so Adorno, lösche sich der Mensch als selbstbestimmtes Individuum aus. Er sieht die Autonomie als einen Garanten zur Sicherung der Demokratie, die er sich als eine Gesellschaft mündiger Bürger*innen vorstellt. Autonomie sieht Adorno als moral-pädagogische Zielvorstellung überhaupt (Nordström, 2009, S. 90f). In seiner Negativen Dialektik schreibt Adorno, dass sich das Individuum nur dann frei fühlen kann, wenn es glaubt sich der Gesellschaft entgegengesetzt zu haben. Dennoch ist auch diese Freiheit bei Adorno durch gesellschaftlichen Determinismus real begrenzt. In vermeintlich autonomen Entscheidungen sind die Subjekte also stets kulturell determiniert. So versteht Adorno unter Erziehung zur Autonomie bzw. zur Mündigkeit die Entwicklung eines richtigen Bewusstseins, eines Bewusstseins der Selbstreflexion. Bei Adorno, wie auch bei anderen o.g. Autoren, lassen sich somit Züge der kritischen Theorie erkennen, die ein selbstbestimmtes, gelungenes Leben gegen gesellschaftliche Unterdrückung thematisieren (vgl. Rössler, 2017, S. 383).

In den 1970er Jahren entwickelte der US-amerikanische Philosoph Harry Frankfurt ein hierarchisches Konzept der Autonomie, welches er in seinem Aufsatz *Freedom of the Will and the Concept of a Person* aus dem Jahr 1971 veröffentlichte. Frankfurt geht davon aus, dass eine autonome Person Wünsche erster und zweiter Ordnung entwickelt. Dabei beeinflussen die Wünsche zweiter Ordnung jeweils einen Wunsch erster Ordnung. In der zweiten Ordnung reflektiert das

Individuum über die jeweiligen Präferenzen und Bedürfnisse (erster Ordnung) und entscheidet über sein Handeln (vgl. Zoglauer, 2010, S. 16f). Eine Person ist, laut Frankfurt, nur dann autonom, wenn sie nicht nur den Wunsch hat eine Handlung auszuführen, sondern wenn sie über diesen Wunsch hinaus, auch selbigen auf einer zweiten Ebene reflektieren kann. Das hierarchische Prinzip ist anhand eines Beispiels besser verständlich: Wenn eine Person drogensüchtig ist, dann entwickelt sie einen Wunsch erster Ordnung, nämlich Drogen einzunehmen. Widersetzt sich diese Person nun ihrem Wunsch erster Ordnung, da sie einsieht, dass sie ihre Gesundheit damit in Gefahr bringt, hat sie einen Wunsch zweiter Ordnung entwickelt, der ihren Wunsche erster Ordnung beeinflusst und sie ggf. an dem Konsum von Drogen hindert. In diesem Sinne hätte diese Person autonom gehandelt. Würde diese Person nun doch die Droge konsumieren und gleichzeitg als autonom gelten wollen, dann müsste ihr Wunsch zweiter Ordnung ebenso wollen, dass sie ihre Gesundheit gefährdet (vgl. Taylor, 2017). Dieses Kontinuum erscheint besonders dann als problematisch, wenn die Wünsche nicht vollkommen selbstbestimmt sind, sondern heteronom beeinflusst oder manipuliert wurden.

Die Bochumer Erziehungswissenschaftlerin Käthe Meyer-Drawe geht in ihrem Buch *Illusion von Autonomie* über eine mögliche Manipulation der eigenen Wünsche hinaus und bezeichnet die Autonomie in ihrer Gesamtheit als eine Illusion. Sie schreibt, dass das vermeintlich selbstbestimmte Subjekt seine Alleinherrschaft schon längst in immer undurchsichtigen, heteronomen Strukturen der Gesellschaft eingebüßt habe. Eine Person ist u.a. von ihren Trieben oder Grundbedürfnisse und ihren gesellschaftlichen Rollengebundenheiten determiniert. Eine Autonomie durch Reflexion der eigenen Handlung sieht Meyer-Drawe angesichts der gesellschaftlichen Verstrickungen als Selbsttäuschung (vgl. Bast, 2000, S. 112f). Sie schreibt, dass der Mensch „weder nur autonom, noch nur heteronom ist. [...] Autonomie kann auf diesem Wege erkennbar werden als von Heteronomie durchzogen" (Meyer-Drawe, 2000, S. 11f). Autonomie kann nach ihrer Auffassung niemals in Reinkultur existieren und ist gerade von politischen und gesellschaftlichen Forderungen bestimmt. Dennoch lehnt Meyer-Drawe das Konzept der Autonomie nicht vollkommen ab. Sie geht davon aus, wenn reale Fremdbestimmung existiert, dann muss es im Umkehrschluss auch Akte geben, in der eine Person in geringerem Maße fremdbestimmt, oder sogar selbstbestimmt handelt (vgl. Giesinger, 2020, S. 236f).

Zusammenfassend ist zu sagen, dass die Autonomie als pädagogisches Konzept für die Eigenständigkeit erzieherischen Denkens und Handelns eine große geisteswissenschaftliche Errungenschaft darstellt. War die Autonomie in ihren Grundzügen nur stadtstaatlicher Selbstverwaltung vorbehalten, entwickelte sie sich zu einem Konzept, die dem individuellen Menschen – oder besser gesagt dem Kind – sein persönliches Eigenrecht zuspricht und dessen Selbstbestimmung fördert, geleitet von gesellschaftlichen Konventionen, die aber keinen direkten Anspruch an das Kind anmelden. Unter Selbstständigkeit, die in der vorliegenden Studie synonym für den Begriff Autonomie verwendet wird, versteht man die Entscheidungsfreiheit bei der Planung und Gestaltung des eigenen Lebens. Dies beinhaltet die Eigenarten und Denkformen einer Person anzuerkennen und Freiräume zuzugestehen, sodass sie über persönliche Angelegenheiten aufgrund eigener Vorstellungen urteilen und handeln kann. Dieses letztlich etablierte Konzept führte zu einer Reihe pädagogischer Maßnahmen für die Kind- und Jugenderziehung, die im folgenden Kapitel dargestellt werden.

2. Zeitgenössische Erziehungs- und Bildungsansätze personaler Autonomie

Zum Ende des 20. Jahrhunderts ereigneten sich grundlegende Veränderungen zur gleichen Zeit auf unterschiedlichen Ebenen. Die moderne Gesellschaft bewegt sich insgesamt auf eine Individualisierung zu und einheitliche Lebensformen nehmen ab. Diese Pluralisierung, die u.a. durch die soziale Mobilisierung in Gang gekommen ist, verbesserte die Entscheidungs- und Handlungsmöglichkeiten und erweiterte die Chancen für ein selbstbestimmtes Leben. Durch den gewachsenen Dienstleistungssektor sind die Möglichkeiten für berufliche Perspektiven gestiegen und der Weg in die Gesellschaft steht den Heranwachsenden offen. Da ihr Leben schon früh von Wahlmöglichkeiten umstellt ist, müssen Kinder und Jugendliche lernen, die Verantwortung für ihren Lebenslauf schrittweise zu übernehmen (vgl. Schaare, 1998, S. 3-5). Als eine der wichtigsten Schlüsselkompetenzen für das zukünftige Leben ist hier die Autonomie zu nennen, insbesondere im Hinblick auf die Dynamik des Arbeitsmarktes und die sich daraus entwickelnden hohen Mobilitäts- und Flexibilitätsanforderungen sozialer, geographischer, kognitiver und emotionaler Art (vgl. Drieschner, 2007, S. 52). Im digitalen Zeitalter, in dem Informationen jedem zu jeder Zeit zugänglich sind, sind bei der Bildung und der Erziehung andere Kompetenzen als noch vor 50 Jahren gefragt. So fordert beispielsweise die Siemens AG die Autonomie als eine der fünf wichtigsten Schlüsselqualifikationen ihrer jungen Auszubildenden. Dazu gehören u.a. Kommunikations-, Kooperationsfähigkeit, Anpassungsbereitschaft, Flexibiliät, Lernbereitschaft und Verantwortungsgefühl. Vergleichbare Forderungen stellt auch die BMW Group (vgl. Müller, 2016, S. 10f). Die Verhältnisse in Gesellschaft, Politik und Wirtschaft ändern sich in einem früher nicht bekannten Ausmaß und so muss die Pädagogik diesen Veränderungen folgen. Geht man davon aus, dass das Ziel der demokratischen Erziehung die Befähigung junger Menschen ist, ihr

Lebens selbst bestimmen zu können, dann muss auch die Autonomie als zentrales pädagogisches Prinzip anerkannt werden. Mit Autonomie ist in diesem Sinne dann die Fähigkeit eines Menschen gemeint, über „seine individuellen persönlichen Angelegenheiten, seine menschlichen Beziehungen und seine Überzeugungen aufgrund eigener Einsichten und nach eigenem Urteil entscheiden zu können" (Klafki, 2003, S. 19). Darunter fallen Entscheidungen über den Beruf, einen Lebenspartner oder eine Lebenspartnerin, religiöse und politische Überzeugungen, die Freizeitgestaltung etc., die aber nicht subjektivistisch verstanden werden dürfen, sondern immer in Bezug auf Konventionen (vgl. Klafki, 2003, S. 19). Die folgenden Unterkapitel geben einen Überblick über die Autonomieförderung im familiären und schulischen Kontext und gehen dabei auf pädagogische Maßnahmen, Chancen und Probleme ein.

2.1 Autonomieförderung im familiären Kontext

Die Entstehung bürgerlicher Kleinfamilien und die Herauslösung der Kinder und Jugendlichen aus der Erwerbsarbeit schaffte, wie bereits erwähnt, die sozialhistorische Grundlage für die Entstehung von Kindheit und Jugendphase. Mit der sich daran anschließenden Veränderung der Rollenverteilung von Mann und Frau, die nunmehr nicht der alleinige Garant für Sicherheit und Stabilität des Kindes sind, verändert sich auch die Rolle des Kindes innerhalb der Familie (vgl. Rülcker, 1990b, S. 42). Heutigen Kindern werden im Vergleich zu vorhergegangenen Generationen mehr Handlungsspielräume und Entscheidungsbefugnisse zugewiesen und sie werden als mehr oder weniger gleichrangige Partner in der Familie anerkannt, die ihre Interessen und Bedürfnisse vorbringen und aushandeln können. Diese Handlungsspielräume sind v.a. durch die verbesserte finanzielle Situation vieler Eltern zu erklären (vgl. Preissing et al., 1990, S. 11f).

Noch zur Nachkriegszeit galt das gemeinsame Spielen unter Nachbarskindern als die bedeutendste außerfamiliäre Freizeitgestaltung, wodurch die Kinder, fern ab erwachsener Kontrolle, ihr Sozialleben eigenständig planen und ausleben konnten. Die Freizeitgestaltung der Kinder zu dieser Zeit ging v.a. aus einer knappen Ökonomie der Familien hervor (vgl. Preissing et al., 1990, S. 16). Durch die verbesserte finanzielle Lage vieler Familien hat sich diese Situation gewandelt. Eltern können ihren Kindern opulent ausgestattete Kinderzimmer zur Verfügung stellen, ermöglichen ihnen die Teilnahme an Reit-, Musik- und Malschulen und diversen Sportvereinen oder anderen kostspieligen Freizeitangeboten. Außerdem verfügen viele Kinder über ausreichend Taschengeld, was ihr Verhältnis zur Erfüllung eigener Wünsche verändert (vgl. Rülcker, 1990b, S. 43-46). Aber auch der demographische Wandel hat seinen Beitrag zu den veränderten Lebensbedingungen geleistet. Kinder wachsen vermehrt ohne Geschwister auf, was konsequenterweise bedeutet, dass sich Einzelkinder entweder häufiger alleine beschäftigen müssen oder auf Erwachsene als ihre Spielkameraden zurückgreifen. Bei manchen Kleinstfamilien kann dies zur emotionalen Verklammerung durch – möglicherweise vereinsamte – Erwachsene führen, was wiederum zur eingeschränkten Entfaltungsmöglichkeit der Heranwachsenden führt (vgl. Preissing et al., 1990, S. 12). Der Abhängigkeitskonflikt, so Keller (2015), tritt dort vermehrt auf, wo sich die Aufmerksamkeit von Eltern in Kleinstfamilien auf eines oder wenige Kinder konzentriert. Sie bewegen sich in Umgebungen, in denen sie sich selbstständig bewegen sollten, aber gleichzeitig für die Aufmerksamkeit der Eltern belohnt werden (vgl. S. 31). Wollen Eltern ihren Kindern die größte denkbare Chance zur Entwicklung ihrer personalen Autonomie ermöglichen, müssen sie ihnen gestatten, an ihrer eigenen Erziehung mitzuwirken. Dazu gehört nicht nur das Zugeständnis von Freiräumen, sondern auch die Anerkennung eigenständigen Denkens und Handelns. Bei der Mitwirkung des Kindes geht es nicht darum, die erzieherische Macht abzutreten, sondern Interessen wechselseitig anzuerkennen. Die Erziehung zur Autonomie darf also nicht nur als fremdbestimmtes pädagogisches Einwirken, sondern muss als reflexive Selbsterziehung des Kindes verstanden werden. Dazu gehört ebenso das Anknüpfen an bereits vorhandene Fertigkeiten, sowie das

Entgegenwirken und Grenzensetzen (vgl. Drieschner, 2007, S. 50). Die Entscheidung der Eltern über eine frühzeitige Hinführung zur Selbstständigkeit hängt demnach auch stark von ihrer sozialen Risikobereitschaft ab, denn frühe Autonomie-Erfahrungen haben eine vorhersehbare Auswirkung auf die Entwicklung des Kindes:

> Kinder, die von Anfang an in elaborierte Diskurse einbezogen werden, lernen entsprechend auch früh, sich elaboriert auszudrücken. Kinder, die von Anfang an nach ihrer Meinung gefragt werden, lernen auch früh, diese auszudrücken, und Kinder, die von Anfang an ihre Präferenzen äußern sollten, lernen auch früh, diese einzufordern (Keller, 2015, S. 23).

Je früher und je öfter Kinder ihre Eigenständigkeit erproben können, desto besser werden sie sich in einer auf Selbstständigkeit ausgerichteten individualisierten Gemeinschaft zurechtfinden. Eltern, die die Autonomie ihrer Kindern anerkennen und fördern, möchten deren Persönlichkeit nicht zu früh einschränken, sie ihren eigenen Lebensentwurf planen, ihre eigenen Entscheidungen treffen, die Konsequenzen daraus tragen und sie eigenverantworlich handeln lassen. Die elterliche Wahrnehmung der Autonomie ihrer Kinder spiegelt sich v.a. in praktischen Dingen wieder, wie zum Beispiel die Hausaufgaben selbstständig erledigen zu können, sich selbst beschäftigen zu können, selbstständig im Haushalt zu helfen oder das Zimmer aufzuräumen. Diese Art der Wahrnehmung bezieht sich v.a. auf die Übertragung täglich anfallender Pflichten auf die Kinder (vgl. Rülcker, 1990b, S. 21f). Es sind aber nicht nur die Eltern, die eine klare Vorstellung davon haben, was sie vom Verhalten ihrer Kinder erwarten. Die schweizer Soziologin Cléopâtre Montandon erfasste in ihrer empirischen Studie 2001 die Erziehungserfahrungen von elf- und zwölfjährigen Kindern. Die befragten Kinder äußerten klare Vorstellungen über die Erwartungen an ihre Eltern. Während die Eltern ihren Fokus auf die Alltagsbewältigung und schulische Leistungen legten, betonten ihre Kinder stärker moralische und relationale Kompetenzen. Sie reflektierten das aktuelle Potenzial ihrer Erziehung und gingen davon aus, ihre Eltern hätten ihre Autonomie zu fördern. Durch diese Forderungen wird deutlich, dass die aktuelle Erziehungssituation nicht aus einander gegenübergestellten abhängigen Kindern und autonomen Erwachsenen besteht. Wer sich eine Förderung seiner Autonomie wünscht, ist sich zugleich darüber bewusst, dass er oder sie sich in einer relativen Abhängigkeit befindet und zeigt damit eine kritische Reflexion und autonomes Verhalten (vgl. Nordström, 2009, S. 99f). Menschliches Lernen realisiert sich nicht durch die Anpassung an statische Lebensbedingungen, sondern vielmehr durch einen Prozess der aktiven Auseinandersetzung mit ihnen. Eltern können ihren Kindern ihre Kompetenzen nicht wie ein fertiges Produkt präsentieren oder einpflanzen. Sie müssen ihnen dabei helfen und sie motivieren, sich Erkenntnisse, Fertigkeiten und Fähigkeiten selbsttätig anzueignen (vgl. Klafki, 2003, S. 22).

2.2 Autonomieförderung im schulischen Kontext

Wie bereits thematisiert, kann sich Schule nicht mehr primär als Institution reiner Wissensvermittlung verstehen. Durch die Funktionsverlagerung von Erziehungsaufgaben der Familie an die Schule, versteht sich Schule nunmehr als ein Ort kultureller Reproduktion und gesellschaftlich veranstalteter Sozialisation. Sie ist mitverantwortlich für die Erprobung der Kindheit und der Jugend als soziale Lebensphase und als schichtübergreifender Schonraum (vgl. Drieschner, 2007, S. 88-94). Dadurch, dass Lebensläufe zunehmend selbstgesteuert und pluralisiert sind und Schüler*innen immer mehr Zeit in der Schule verbringen, verschieben sich auch die pädagogischen und didaktischen Ziele; Handlungsfähigkeit, Flexibilität, Kritikfähigkeit und Reflexionsvermögen, Selbstständigkeit, Kreativität, Kooperations- und Kommunikationsvermögen und Werterziehung bilden die Grundlage für die schulische Bildung, welche die Schüler*innen konsequenterweise auf ihre spätere berufliche Tätigkeit vorbereitet (vgl. Rülcker, 1990b, S. 69). Die an die Schule gestellten Ansprüche und dessen pädagogische Arbeit wachsen demnach stetig. Beim Ausbau der Betreuungs- und Lernangebote wird der Schule eine wichtige Rolle zuteil. Die entsprechenden Bildungsangebote müssen v.a. die unterschiedlichen Begabungen, Neigungen und Fähigkeiten der Schüler*innen berücksichtigen, aber auch ökonomische und soziale Veränderungen mit einbeziehen, um deren persönliche Entwicklung gemeinsam und zugleich individuell fördern zu können (vgl. Schaare, 1998, S. 5f). Wenn die Schule zur Förderung der Autonomie von Kindern und Jugendlichen beitragen soll, so muss sie bei den Lerngewohnheiten eben dieser ansetzen. Die Schüler*innen sollen zu Subjekten ihres eigenen Lernens werden, also lernen, sich ihre Lerninhalte möglichst selbstständig anzueignen (vgl. Klafki, 2003, S. 20). Sollen die Schüler*innen Selbsttätigkeit und Selbstständigkeit lernen, dann muss die Schule auch Möglichkeiten, präziser formuliert, Unterrichtssituationen schaffen, in denen sie diese erproben können. Aus der Perspektive der Lernenden manifestiert sich Autonomie v.a. durch die Selbstorganisation von Lernprozessen. Durch die aktive Aneignung von Inhalten, Organisations- und Evaluationsformen, sowie den uneingeschränkten Zugang zu notwenigen Ressourcen, gewinnen die Lernenden zunehmend Einfluss und Kontrolle über ihr eigenes Lernen und Arbeiten (vgl. Vettiger et al., 1979, S. 173). Auch wenn, wie hier gezeigt, die Autonomie der Schüler*innen gemäß dem Bildungsauftrag im Vordergrund steht, ist auch die Autonomie der Lehrkraft und letztendlich der Schule nicht zu vernachlässigen. Esser (2012) fasst dies durch die Metapher „Marionetten können keine Tänzer erziehen" (S. 74) treffend zusammen. Die Selbstständigkeit der Schüler*innen ist evidenterweise ohne die Autonomie der Schule und ihrer Lehrkräfte undenkbar.

2.2.1 Schüler*innenautonomie durch offenen Unterricht

Die veränderten gesellschaftlichen Ansprüche an die Kinder und die Jugendlichen und die daraus adaptierte Schüler*innenrolle, haben konsequenterweise auch einen Wandel der Rolle der Lehrkräfte und die Veränderung ihrer Tätigkeit zur Folge, wie es Maria Montessori bereits erkannt hatte. Überdenken Lehrkräfte ihre Aufgabenfelder und passen sie neuen Bestrebungen an, wird sich dies zwangsläufig im schulischen

Unterricht widerspiegeln. Die Lehrkräfte, so Vettiger et al. (1979), hören auf Dozent*innen ihres Stoffes zu sein und übernehmen zunehmend die Rolle der Organisator*innen, Berater*innen und Helfer*innen. Daher stehen nicht mehr die unterrichtenden Lehrkräfte, sondern die lernenden Schüler*innen im Mittelpunkt (vgl. S. 15). Gerade dann, wenn Unterricht zur selbstständigen Lernfähigkeit beitragen soll, muss vermieden werden, dass alle Schüler*innen ständig unter der Leitung der Lehrkraft immer identische Aufgaben, auf gleiche Art, in derselben vorgegebenen Zeit bearbeiten (vgl. Klafki, 2003, S. 24). Es sollten immer Lernzusammenhänge geschaffen werden, die fachliches und überfachliches, in praktischem Bezug zum gesellschaftlichen Umfeld miteinander verknüpfen. Isolierte Lernprozesse verhalten sich bei der Förderung von autonomem Lernen kontraproduktiv. Die Lehrkraft bewegt sich von einer frontal organisierten, lehrerzentrierten Unterrichtsform zu einem lehrergesteuerten, jedoch schülerorientierten Unterricht (vgl. Klafki, 2003, S. 24f; Esser, 2012, S. 77).

Mit dem selbstgesteuerten Tätigwerden der Schüler*innen wird der rückständigen Eintrichterung von Faktenwissen wirksam entgegengewirkt. Ausgewählte Inhalte werden anhand geeigneter Lernmethoden unter Berücksichtigung der Kompetenzförderung bearbeitet, die ein weites Spektrum möglichst vieler und unterschiedlicher Lernkompetenzen aktiviert und benötigt. Autonom Lernende lassen sich durch kognitive Kompetenz, kommunikative Kompetenz, soziale Kompetenz, Motivation und metakognitive Kompetenz charakterisieren. Gerade der Erwerb der letztgenannten Kompetenz besteht aus einer Reihe von Fähigkeiten, die für das selbstgesteuerte Lernen nicht zu vernachlässigen sind. Sie hilft den Schüler*innen ihr Lernverhalten kritisch zu reflektieren, Entscheidungen zu treffen und ggf. Anpassungen an ihrem zukünftigen Verhalten vorzunehmen, denn die Steuerung und Kontrolle des Erreichens selbstgesetzter Lernziele ist eines der grundsätzlichen Prinzipien schüler*innenbezogenen Lernens und Lehrens (vgl. Schaare, 1998, S. 13f). Dies gelingt durch Aufgabenstellungen, in denen die

Schüler*innen unterschiedliche Methoden und Vorgehensweisen ausprobieren können und sich ein Bestand an Arbeitstechniken zulegen, die sie erproben und anschließend reflektieren können, um die für sie persönlich geeignetste Variante auszuwählen. Damit ergeben sich zwei grundsätzliche Ebenen für das schulische Lernen. Die Ebene des konkreten Handelns im Umgang mit den Lernmaterialien und eine Metaebene, die das vergangene, gegenwärtige und zukünftige Handeln analytisch reflektiert (vgl. Vettiger et al., 1979, S. 15). Handeln meint in diesem Kontext zielgerichtete, motivierte Aktivitäten der Schüler*innen, die sie zunehmend in die Lage der eigenständigen Planung und Durchführung versetzen. Jede Lehrkraft wird im Laufe ihrer Karriere erkennen, dass Kinder auf unterschiedliche Weise am besten lernen. Klafki (2003) schreibt:

> Die einen lernen relativ schnell, die anderen langsamer. Die einen fassen etwas, was sie neu lernen sollen oder neu lernen wollen, schnell auf, aber manche dieser Schnelllerner [...] vergessen das neu Gelernte auch wieder schnell. [...] Andere brauchen mehr Zeit, um etwas Neues richtig aufzufassen [und] zu verstehen. Unter ihnen sind aber oft Kinder, die dann [...] dieses neu Gelernte gut speichern. Sie brauchen dann also weniger Zeit als die vorher genannte Gruppe, um das neu Gelernte zu [üben]. [...] Manche Kinder und Jugendliche brauchen beim Lernen über recht lange Zeit häufiger und intensiver Hilfen des Lehrers, andere werden schneller selbstständig. [...] Die einen lesen gern und gut, aber ihnen fällt die Rechtschreibung schwer, bei anderen ist es umgekehrt (S. 23f).

Klafkis Erläuterung verdeutlicht, dass es sich bei einer Lerngruppe immer um eine heterogene Gemeinschaft handelt, die ganz individuelle Forderungen an die Schule und ihre Lehrkräfte stellt. Der von den Lehrer*innen geleitete Unterricht muss also durch Phasen innerer Differenzierung oder Binnendifferenzierung ergänzt werden, um die Bedürfnisse aller Schüler*innen berücksichtigen zu können. Das Bildungsangebot wird dadurch breitflächiger und fachlich differenzierter. Ziel eines differenzierten Lernens ist es, aus unterschiedlichen Lern- oder Ausgangsbedingungen vergleichbare Ergebnisse bei allen Schüler*innen zu erzielen (vgl. Klafki, 2003, S. 25). Diesem Anspruch kann am ehesten durch offene

Unterrichtsarrangements entsprochen werden, da sie verschiedene Aspekte der Selbststeuerung berücksichtigen und somit ein autonomes Lernen ermöglichen. Solch offener Unterricht kann über wahldifferenzierten Unterricht, Tages- und Wochenplanarbeit, freie Arbeit, Projektarbeit, Arbeit mit Lernzirkeln/ -theken oder Stationen-lernen realisiert werden. Durch offene Unterrichtsformen werden Schüler*innen als Subjekte ihres eigenen Lernens wahrgenommen. Kooperative und kommunikative Arbeitsformen ermöglichen den Schüler*innen neue soziale Erfahrungen zu machen, das eigene Denken zu fördern und selbst entworfene Lösungswege zu erproben. Kennzeichnend für den offenen Unterricht ist, dass er

o   auf einseitig, produktorientiertes Lernen verzichtet,

o   den Schüler*innen Mitbestimmungsmöglichkeiten hinsichtlich der Intentionen, Inhalte, Arbeitsweisen und Materialien gibt,

o   die Interessen und Bedürfnisse der Schüler*innen im Moment schulischen Lernens berücksichtigt,

o   den Kontext schulischen Lernens; die Spannung zwischen Schule und außerschulische Lebensbedingungen deutlich verändert,

o   die Schüler*innenrolle unter Betonung der notwendigen kommunikativen und kooperativen Kompetenzen wandelt und

o   die Lehrer*innenrolle, in der die Dozent*innen zu Berater*innen, Helfer*innen und Moderator*innen werden, verändert (vgl. Schaare, 1998, S. 17).

Wenn neben dem Erwerb von Fachwissen, die Dimensionen sozialer, kommunikativer und methodischer Kompetenzen zunehmend an Bedeutung gewinnen, muss, wie bereits erwähnt, die Rolle der Lehrer*innen überdacht werden. Offene Unterrichtsformen bedeuten eine Verlagerung des schwerpunktlichen Arbeitsaufwandes der Lehrkraft in die Vorbereitung des Unterrichts. Die Lehrkraft muss Tages- und Wochenpläne erstellen, Materialien sichten, auswählen, zusammenstellen und zur Verfügung stellen. Gleichzeitig gewinnt sie während des Unterrichts Raum für die Förderung und Beratung einzelner, die Beobachtung und Protokollierung der Schüler*innen sowie die Relfexion und Problematisierung der Arbeitsprozesse (vgl. Schaare, 1998, S. 57). Bezugnehmend auf die Autonomie der Schüler*innen ist es hierbei entscheidend zu beachten, dass die kritische Reflexion der Arbeitsprozesse gemeinsam mit den Schüler*innen erfolgt. Sie müssen mit der Lehrkraft in eine Metakommunikation eintreten, gemeinsam ihr Lernen reflektieren und Argumente für oder gegen bestimmte Methoden sammeln (vgl. Müller, 2016, S. 15).

Offener Unterricht ist jedoch kein universelles Mittel zur Beseitigung der Missstände im schulischen Bildungswesen, sondern stellt ein methodisches Verfahren dar und ist somit didaktisch begrenzt. Zudem ist es keinesweg so, dass offener Unterricht immer die beste Form des Unterrichtens darstellt. Lehrer*innenzentrierter, vermittelnder Unterricht wird für schulisches Lernen immer wichtig sein. Er wird bei zunehmender Realisierung offenen Unterrichtens und somit bei der Einführung neuer Methoden an Bedeutung gewinnen. Für Kinder und Jugendliche ist es wichtig zu lernen, dass nicht immer alle im Unterricht das gleiche tun müssen, dass sie zwischen Aufgaben wählen können, dass sie, unabhängig vom Arbeitstempo ihrer Mitschüler*innen selbstständig arbeiten können, dass sie ihren Lernfortschritt sichtbar machen, reflektieren und präsentieren und, dass sie ihren Lernprozess selbst gestalten können (vgl. Schaare, 1998, S. 57f; Müller, 2016, S. 11). Zusammenfassend ist festzuhalten, dass Schüler*innen nur dann lernen selbstständig und selbsttätig zu werden, wenn die Schule Möglichkeiten schafft, in denen sie kommunizieren, kooperieren, präsentieren, visualisieren und reflektieren können. Versäumt die Schule sie immer wieder in diese Lage zu versetzen, Unterrichtsprozesse eigenverantwortlich zu steuern, wird es schwerlich möglich sein, ihnen selbstständiges Handeln beizubringen (vgl. Müller, 2016, S. 12).

2.2.2 Schwierigkeiten bei der Autonomieförderung

Bei der Bewältigung der erzieherischen Aufgabe der Autonomie haben Kinder und Jugendliche, sowie Eltern und Lehrer*innen mit verschiedenen Herausforderungen zu kämpfen, angefangen bei sozialer Ungleichheit, über unzureichende Maßnahmen bei der Unterrichtsführung bis hin zu Schwierigkeiten, die durch vermehrt autonome Kinder und Jugendliche selbst entstehen.

Beginnend mit der erstgenannten Schwierigkeit gehen Ronneberger et al. (1980) davon aus, dass die Möglichkeiten zur Ausbildung autonomer Handlungskompetenzen in den verschiedenen sozialen Gesellschaftsschichten ungleich verteilt sind, nämlich, dass sie in den unteren sozialen Schichten schlechter ausgebildet sind, als in anderen (vgl. S. 18). Rülcker (1990a) schließt sich dieser Beobachtung an und sieht die ungleichen Chancen der Selbstständigkeit v.a. bei Kindern von Erwerbslosen, ärmeren und oft bildungsfernen Familien, bei ausländischen Kindern, die aufgrund von Sprachbarrieren und Vorurteilen benachteiligt sind, sowie behinderten Kindern (vgl. S. 26). Dennoch sind die Folgen sozialer Benachteiligung für die Autonomieentwicklung schwer nachvollziehbar. Obwohl viele dieser Familien mit einem geringen Kapital auskommen müssen, sind sie materiell gut ausgestattet. Es sind lediglich Verzichte in den Bereichen Freizeitgestaltung und Wohnraum zu verzeichnen. Gerade bei Familien mit einer großen Kinderzahl ist es schwieriger, Räume für das selbständige Ausleben kindlicher Bedürfnisse zu schaffen. Auch wenn diese Familien durchaus eine auf Autonomie ausgerichtete Erziehung anerkennen, haben sie Schwierigkeiten die erforderlichen Mittel bereitzustellen (vgl. Rülcker, 1990b, S. 47f).

Wie zuvor angesprochen, kommt es in der schulischen Autonomieförderung v.a. darauf an, den Schüler*innen genügend Anlässe bereitzustellen, in denen sie ihre eigenen Valenzen und Interessen entwickeln können. Dazu sollten die Lehrkräfte über das notwendige didaktische Handwerkzeug verfügen. Es kommt nicht mehr nur auf die fachliche Kompetenz sondern v.a. auch auf interaktions- und gruppenpsychologische Kompetenzen an, sowie dem grundsätzlichen Respekt vor der kindlichen Besonderheit (vgl. Rülcker, 1990b, S. 63). Trotz dieser Erkenntnis ist es bis dato weitgehend nicht gelungen den traditionellen Frontalunterricht zugunsten offener, autonomieförderner Unterrichtsmethoden zu ersetzen. Schaare (1998) schreibt, dass zwar viele Kinder durch Wochenplanunterricht in der Grundschule lernen ihr Tun eigenverantwortlich zu gestalten, die uniformen Lernprozesse an weiterführenden Schulen jedoch eine Rückentwicklung bereits erworbener Kompetenzen einleiten (vgl. S. 11). Klafki (2003) geht ebenfalls davon aus, dass Kinder und Jugendliche durch unzureichende Förderung ihre in frühen Kindheitsjahren erlernten Ansätze zum selbstständigen Lernen wieder verlernen, mitunter auch durch das Zutun der Schule. Hinsichtlich solcher autonomiefördernder, differenzierter Arrangements geschehe wenig (vgl. S. 23-25). Sind Schüler*innen dann erstmal an lehrer*innenzentrierte, reproduzierende Arbeitsformen gewöhnt, erschwert dies ein Öffnen des Unterrichts zu mehr kooperativem und selbstgesteuertem Lernen. Folglich reagieren die Lernenden auf die Lehrkraft anstatt selbstständig im Unterricht kommunikativ teilzunehmen (vgl. Müller, 2016, S. 12f). Aufgrund dieser festgefahrenen Strukturen sträuben sich viele Lehrer*innen, ihren Unterricht zu öffnen. Als Begründung wird meist die schlechte materielle Ausstattung der Schule (vgl. Schaare, 1998, S. 54) oder der massive Zeitdruck im 45-Minuten-Takt angeführt (vgl. Klafki, 2003, S. 25f; Müller, 2016, S. 12). Da den Schüler*innen dadurch das praktische Wissen, die Erfahrungen und die Routine fehlen, propagieren Schulen immer wieder Methodentrainings. In diesen meist vom regulären Unterricht vollständig isolierten Trainings werden neue Methoden angewendet und geübt. Die dienende Funktion fachliche Inhalte zu transportieren steht nicht im Mittelpunkt, sondern die Methode selber (vgl. Müller, 2016, S. 14). Solange die Schüler*innen keine Möglich- keiten erhalten, eigenverantwortliche Methoden an fachlichen Themen innerhalb des Unterrichts anzuwenden, wird es durch mangelnde Schüler*innenautonomie weiterhin die Aufgabe der Lehrkraft sein, lehrer*innenzentriert Sach- und Lerninteresse zu wecken, was nach lerntheoretischen Erkenntnissen nicht effektiv ist (vgl. Schaare, 1998, S. 54).

Abstandnehmend von den Schwierigkeiten, die durch unzureichende Methoden der Unterrichtsführung entstehen können, kann die neuerlangte Autonomie der Schüler*innen, Lehrer*innen und Eltern ebenfalls vor zahlreiche Herausforderungen stellen. Aufgrund der zeitgenössischen Erziehungskonzepte steigt die Zahl der Schulanfänger*innen, die ihre Anliegen und Ansichten der Schule vorbringen. Rülcker (1990b) und Drieschner (2007) erkennen beide, dass sich Kinder und Jugendliche zunehmend weniger auf die Rolle der Schüler*innen reduzieren lassen (vgl. Drieschner, 2007, S. 103). Sie führen Arbeitsanweisungen nicht mehr blind aus, fordern Begründungen, machen ihre Interessen geltend und verlangen ihre Position auszuhandeln (vgl. Rülcker, 1990b, S. 63). Gleichzeitig mangelt es ihnen an der Bereitschaft sich zum Wohl der Gruppe in den Hintergrund zu stellen und sie verfügen über immer weniger Solidarbereitschaft. Sie wollen im Mittelpunkt stehen, haben Schwierigkeiten sich zu konzentrieren, stören den Unterricht, sind ggf. sogar aggressiv und gewaltbereit (vgl. Drieschner, 2007, S. 105). Auf klassische Sanktionspraktiken wie Anbrüllen, Blamieren oder Abwerten reagieren selbstbewusste, demokratieorientierte Kinder und Jugendliche empfindlich, und weisen sie offen zurück (vgl. Rülcker, 1990b, S. 63). Hierbei ist die bereits angesprochene interaktions- und gruppenpsychologische Kompetenz der Lehrkraft von großer Bedeutung, um auf die individuellen Profile der Schüler*innen eingehen zu können. Bei aller Autonomieförderung gilt grundsätzlich ein langsames, aber stringentes Vorgehen. Eine sofortige und vollständige Umstrukturierung des schulpädagogischen Konzepts wäre nicht gewinnbringend. Müller (2016) schreibt, dass „gerade das Ausprobieren, das kritische Reflektieren [und] das Fehlerzulassen" (S. 14) bei dem Versuch Autonomie zu fördern als notwendig und wichtig zu sein scheinen.

3. Methodologie empirischer Sozialforschung

Unter empirischer Sozialforschung versteht man verschiedene methodologische Ansätze der Psychologie, Soziologie und Pädagogik, durch die Daten in Form von Beobachtungen, Befragungen oder Interviews erhoben und ausgewertet werden können. Spätestens seit den 1990er Jahren unterscheidet man bei der empirischen Forschung zwischen der quantitativen und der qualitativen Forschung, oder einer Mischform beider Ansätze (vgl. Kuckartz, 2016, S. 13, 21). Die quantitative Sozialforschung greift v.a. auf standardisierte Befragungen, beispielsweise in Form von Fragebögen zurück. Die Antwortmöglichkeiten sind dabei bereits vorgegeben und können später, an vorab definierten Hypothesen, leicht statistisch überprüft werden (vgl. Hlawatsch & Krickl, 2019, S. 357). Die qualitative Sozialforschung arbeitet dem gegenüber mit nicht-standardisierten Daten, zum Beispiel in Form von offenen Interviews. Die befragten Teilnehmer*innen erhalten so die Möglichkeit frei nach ihrem eigenen Ermessen zu antworten, ohne an Antwortvorgaben gebunden zu sein. Die Betonung liegt hier v.a. in der stärkeren Subjektbezogenheit, die Befragten in ihren natürlichen und alltäglichen Umgebungen zu untersuchen. So können die Befragten Äußerungen treffen, die die Forschenden in ihrer theorieorientieren Recherchearbeit möglicherweise nicht berücksichtigt oder unzureichend betrachtet haben. Qualitative Forschungsmethoden sind vielfältig und stellen keinesfalls eine Alternative zu quantitativem Denken dar. In einem Forschungsprozess sind qualitative und quantitative Prozesse in jeweils unterschiedlich starker Ausprägung anzutreffen (vgl. Mayring, 2016, S. 67-69).

Die vorliegende Studie legt ihren Schwerpunkt auf die qualitative Sozialforschung. Qualitative Forschungsprozesse orientieren sich an der allgemeinen hermeneutischen Überlegung des Verstehens, insbesondere des Verstehens von Texten. Die Hermeneutik ist eine geisteswissenschaftliche Idee kulturelle Produkte in ihrem Zusammenhang zu erschließen und zu verstehen. Der zentrale Grundgedanke besteht darin,

dass man im hermeneutischen Prozess des Verstehens mit einem bestimmten theoretischen Vorwissen (Vorverständnis) an einen Text o.ä.
herangeht. Die Arbeit mit dem gesamten Text führt zur Weiterentwicklung des ursprünglichen Vorwissens (Textverständnis). Das neuerrun-
gene Wissen erweitert das Vorverständnis (V_1) und kann erneut auf den
Text (T_1) angewendet werden usw. Dies bezeichnet man als hermeneutischen Zirkel (Abb. 1). Er bildet die Grundlage für die Hypothesenbil-
dung und Ergebnisinterpretation in der qualitativen Forschung (vgl.
Kuckartz, 2016, S. 18-21).

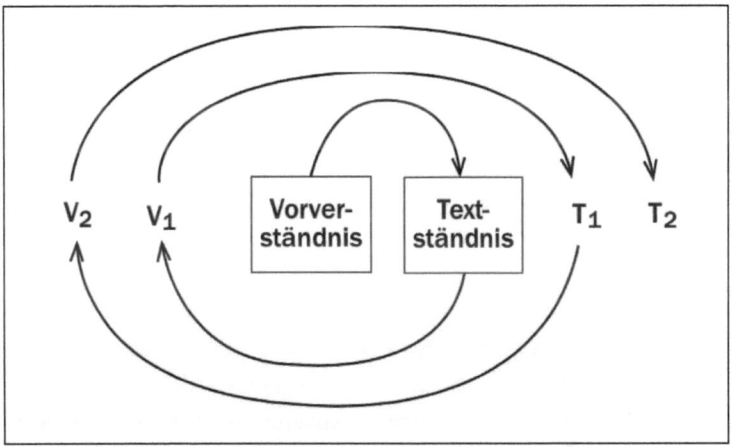

Abb. 1 Hermeneutischer Zirkel (aus Kuckartz, 2016, S. 19)

In diesem Kapitel wird zunächst das Datenerhebungsverfahren des
Leitfadeninterviews, dessen Aufzeichnung und Transkription, sowie
die Stichprobenziehung der Forschungsteilnehmer*innen beschrieben.
Daran schließt sich die Darstellung der Forschungsmethode der qualitativen Inhaltsanalyse an. Ziel dieser Vorgehensweise ist es, den Forschungsprozess so genau wie möglich darzustellen, um eine wissenschaftliche Reproduzierbarkeit zu garantieren.

3.1 Leitfadeninterviews

Eine in der qualitativen Sozialforschung übliche Form der Datenerhebung ist, neben Beobachtungen, die Durchführung von Interviews. Ein Interview stellt dabei eine interaktive Situation dar, in der ein oder mehrere Texte kommunikativ erzeugt und basale Informationen zu einem bestimmten Forschungsfeld generiert werden (vgl. Helfferich, 2019, S. 671). Dabei spielen v.a. offene und teilstandardisierte Interviewtypen für die qualitative Forschung eine zentrale Rolle. Mit diesen Interviewformen ergeben sich wichtige Chancen zur Umsetzung handlungsorientierter Konzeptionen in der Soziologie und der Psychologie, aber auch in der Pädagogik. Die vorliegende Studie greift auf teilstandardisierte Interviews zurück, die in der Methodenliteratur häufig auch als semistrukturierte oder Leitfadeninterviews bezeichnet werden.

Im Vergleich zu standardisierten Befragungen stellen Leitfadeninterviews den Befragten keine Antwortvorgaben zur Verfügung, sodass diese ihre Erfahrungen und Ansichten frei artikulieren können (vgl. Hopf, 1995, S. 177). Dabei orientiert sich das Interview an einem strukturierenden Leitfaden, den die Forschenden vorab, aufgrund ihrer methodologischen Entscheidungen, erstellt haben. Bei grundsätzlicher Offenheit ist es notwendig den Ablauf in gewisser Hinsicht zu steuern, da für intendierte Forschungsvorhaben Äußerungen zu bestimmten Thematisierungsbereichen benötigt werden. Laut Helfferich (2019) sollte die Erstellung des Leitfadens dem Prinzip „so offen wie möglich, [...] so strukturiert wie nötig" (S. 673) folgen. Strukturierte Leitfäden haben zudem den Vorteil, dass sich die Interviews in ihrer Erhebungssituation ähneln und sich somit eine gute Vergleichbarkeit zwischen den Fällen einstellt. Gerade bei Material aus vielen Gesprächen, lassen sich Ergebnisse leichter auswerten und verallgemeinern (vgl. Mayring, 2016, S. 70). Der Leitfaden kann aus einer Reihe offener Fragen (Frage-Antwort-Schema) oder aus mehreren Erzählimpulsen (Erzählaufforderung-Erzählung-Schema) bestehen, bzw. beide Formen kombinieren. Impulse müssen jedoch nicht immer verbal gesetzt sein, sondern können durch eine Vielzahl von Stimuli aktivierende

Aufforderungen darstellen. Dazu gehören Bilder, Filme etc., die bei den Befragten Reaktionen auslösen (vgl. Helfferich, 2019, S. 675). Im Falle der vorliegenden Studie wurde auf das Frage-Antwort-Schema zurückgegriffen, das aus 29 Leitfaden besteht.

Unerheblich in welcher Weise das Interview strukturiert und gesteuert wird, steht die Offenheit gegenüber der Forschungsfragen und den Befragten im Mittelpunkt, denn, dass diese frei und ohne Antwortalternativen antworten können, bringt entscheidende Vorteile mit sich: Erstens können die Forschenden nachvollziehen, ob sie von den Befragten verstanden wurden. Zweitens können die Befragten subjektiv ihre Meinungen und Deutungen offenlegen und drittens können sie selbst Zusammenhänge und größere kognitive Strukturen während des Interviews entwickeln. In der Regel fühlen sich die Befragten bei offenen und teilstandardisierten Befragungen weniger ausgehorcht, bauen eine stärkere Verbrauensbasis zum Forschenden auf und antworten ehrlicher, reflektierter und genauer als bei standardisierten geschlossenen Befragungen (vgl. Mayring, 2016, S. 68f).

Um durch die Befragung möglichst aussagekräftige Daten zu erhalten, sind sich zahlreiche Sozialwissenschaftler*innen darüber einig, dass Leitfadeninterviews nur von Befragenden durchgeführt werden sollten, die aktiv am Forschungsprojekt beteiligt sind und mit den theoretischen Ansätzen vertraut sind, um in der eigentlichen Interviewsituation autonom handeln zu können. Das beeinhaltet v.a. die Fähigkeit einschätzen zu können, wann es inhaltlich angemessen ist von dem vorausgeplanten Leitfaden abzuweichen und an welchen Stellen es notwenig ist nachzuhaken (vgl. Hopf, 1995, S. 181). Gerade bei problemzentrierten Interviews, also Interviews, die eine bestimmte gesellschaftliche Problemstellung betrachten, ist es wichtig, dass die Befragenden die Aspekte vor der Durchführung der Interviews erarbeitet und analysiert haben, um während der Befragung angesprochenen Themen flexibel aufgreifen und ggf. durch Nachfragen vertiefen zu können (vgl. Mayring, 2016, S. 68). Dies erweist sich bei solchen Leitfragen als hilfreich, die von den Teilnehmer*innen nicht verstanden oder nur oberflächlich beantwortet werden.

Neben der inhaltlich-theoretischen Komponente müssen Befragende auch über kommunikative Kompetenzen im Umgang mit Interviews verfügen. Es kommt nicht selten vor, dass typische „Anfängerfehler" durch mangelnde Erfahrung auftreten. Dazu gehören z.B. die Tendenzen eines dominierenden Sprechanteils und Kommunikations-stils, die durch permanentes Eingreifen den Gedankengang der Befragten stören, auch wenn dies unterstützend gemeint ist. Sie resultieren meist aus fehlender Geduld beim Zuhörer oder aus dem Verlangen, Fragen oberflächlich abhaken zu wollen, weil durch Planungsfehler Zeitdruck entstanden ist (vgl. Hopf, 1995, S. 182). Zu-dem müssen sich die Befragenden bewusst machen, dass sie ihren Pro-banden auf asymmetrischer Ebene begegnen. Asymmetrisch in der Hin-sicht, dass sie, geleitet durch ihr wissenschaftliches Interesse, ein Inter-view führen, um Angaben zu einer bestimmten Forschungsfrage zu er-halten. Dabei stellt sich ein wechselseitiges Machtverhältnis zwischen den Parteien ein: Zum einen bei den Forschenden, die im Wesentlichen die Kontrolle über den Ablauf haben und welche Fragen behandelt wer-den. Zum anderen haben die Befragten die Macht auf eben jene Fragen zu antworten oder nicht. Angesichts dieser Machtverhältnisse kann es durch unzureichende Strukturierung zu defensiven und sparsamen Ant-worten kommen (vgl. Helfferich, 2019, S. 674).

Unterscheiden sich Forscher*innen und Befragte hinsichtlich Alter, Geschlecht, Sozialstatus und ethnische Zugehörigkeit, kann sich dieser Effekt zusätzlich verstärken. Ein gemeinsamer Erfahrungshintergrund kann sich im Umkehrschluss motivierend auswirken (vgl. Helfferich, 2019, S. 674). Treten systematische Unterschiede in den wahrgenom-menen Eigenschaften zwischen den Befragten und den Interviewenden auf, spricht man vom sogenannten Interviewer-Effekt. Diese Eigen-schaften können sich auf die oben bereits erwähnten persönlichen Merkmale wie Geschlecht, Alter, Ethnie etc. beziehen, aber auch durch die Körpersprache und dem verbalen Verhalten des Interviewenden auftreten. Untersuchungen aus den USA haben gezeigt, dass v.a. ältere, weibliche Interviewende eine erhöhte Kooperationsbereitschaft erfahren, die die Qualität der Antworten positiv beeinflusst (vgl. Jedinger & Michael, 2019, S. 368). Insgesamt ist die Studienlage hierzu nicht aussagekräftig.

Haben die Forschenden ihren Interviewleitfaden unter Berücksichtigung der genannten Aspekte erstellt, folgt die Dokumentation und die Deskription des Interviews. Sie stellen „ein besonderes Anliegen qualitativ orientierter Forschung" (Mayring, 2016, S. 85) dar, denn eine an das Interview angeschlossene Analyse ist nur dann möglich, wenn die Forschenden in der Lage sind sich intensiv mit den Erkenntnissen aus den Interviews auseinanderzusetzen. Die Sicherung der erhobenen Daten kann auf unterschiedliche Weise durchgeführt werden.

3.2 Datensicherung: Audioaufnahme und Transkription

Die klassische Methode der Datensicherung ist die Feldnotiz des Interviewenden. Diese Notizen enthalten die essentiellen Elemente der Befragten und Informationen über den Verlauf des Interviews. Üblicherweise unterbricht der Interviewende dazu die Interviewsituation, um immer wieder die wesentlichen Beobachtungen und Aussagen zu notieren. Die weitestgehend beizubehaltende Natürlichkeit der Befragungssituation, um möglichst verlässliche Daten zu erhalten, ist damit hinfällig.

Eine für die Durchführung qualitativer Befragungen geeignete Dokumentationsmethode im digitalen Zeitalter stellt die Aufnahme mit Audio- oder Videoaufnahmegeräten dar. Die Datenfixierung führt zu keiner Unterbrechung des Interviewvorgangs und das Interview kann bei der Analyse weitestgehend vollständig nachvollzogen werden. Der technische Aufwand sollte dabei auf das für die Beantwortung der Forschungsfrage Notwendige beschränkt bleiben. Sollten sich Forschende für audio-/ visuelle Aufzeichnungen entscheiden, sind die Probanden über Sinn und Zweck derselben in Kenntnis zu setzen und ihre Einwilligungen einzuholen (vgl. Flick, 1995, S. 160f). Ein wichtiger hier anzumerkender Punkt, der für die Ergebnissicherung personenbezogener Daten überhaupt gilt, ist die Gewährleistung der Anonymität der Teilnehmer*innen. Die Anonymität der präsentierten Daten stellt einen ethischen Grundsatz der empirischen Forschung dar. Sie dient zum Schutz der Befragten damit sie sich offen ggf. auch kritisch äußern können, ohne eine Sanktionierung zu erwarten. Sensible Daten, die Rückschlüsse auf die Teilnehmenden geben, können aus dem Material entfernt werden und beispielsweise durch adäquate Pseudonyme ersetzt werden (vgl. Meyer & Meier zu Verl, 2019, S. 285). Dies ist auch im Zuge der hier vorliegenden Studie erfolgt.

Nachdem das Interview durchgeführt worden ist und eine Audio- oder Videosequenz vorliegt, kann der Prozess des Transkribierens beginnen. Wird gesprochene Sprache, beispielsweise aus Interviews, in eine schriftliche Fassung übertragen, so wird dies als Transkription bezeichnet. Die Herstellung eines solchen Transkriptes erscheint aufwändig, ist aber für eine ausführliche Analyse unbedingt notwendig. Es ermöglicht einzelne Aussagen der Befragten im Gesamtzusammenhang zu sehen und stellt somit die Basis für eine umfassende Interpretation dar (vgl. Mayring, 2016, S. 89). Laut Meyer & Meier zu Verl (2019) haben sich für die Transkription eine Reihe von Standards herausgebildet, die sich in ihrer Genauigkeit unterscheiden und die anhand der Forschungsfrage selektiert werden müssen (vgl. S. 283f). Um das Höchstmaß an Genauigkeit für das Transkript zu erzielen, bietet sich die Arbeit mit dem Internationalen Phonetischen Alphabet (IPA) an. Dieses Alphabet, das alltagssprachlich auch als Lautschrift bekannt ist, ermöglicht exakte Feinheiten bei der Aussprache, Dialekte etc. festzuhalten. Eine solche Genauigkeit ist in der Sozialforschung, bei der es um Sprache als Medium des Austauschs geht, selten anzutreffen und findet ihren Platz eher in der Linguistik (vgl. Mayring, 2016, S. 89). Flick (1995) rät, lediglich so viel und so detailliert zu transkribieren, wie es für die Forschungsfrage tatsächlich notwenig erscheint. Dies beugt eine resultierende Unübersichtlichkeit vor (vgl. S. 161f).

Bei der vorliegenden Studie wurde, aus den geschilderten Gründen, auf Audioaufnahmen als Datenfixierungsmethode zurückgegriffen. Um den technischen Aufwand so gering wie möglich zu halten, wurde die Aufnahmefunktion eines mobilen Tabletcomputers genutzt. Unmittelbar vor der Aufnahme wurden die Teilnehmer*innen über die Absicht der Tonaufnahme unterrichtet und die Bewahrung ihrer Anonymität aufgeklärt. Außerdem wurden sie darüber informiert, dass die Tonaufnahmen nach der Überführung in ein schriftliches Transkript gelöscht werden würden. Nach der Aufnahme wurde das Gespräch für die sich anschließende Transkription abgespeichert. Transkripiert wurde nur gesprochene Sprache. Dazu wurden die Audioaufnahmen satzweise abgespielt und in Textform überführt. Grammatische Fehler wurden in das Transkript unkorrigiert übernommen. Pausen, besondere Betonungen oder regionale Färbungen wurden bei der Erstellung vernachlässigt, da sie für die Beantwortung der Forschungsfrage als weniger relevant betrachtet wurden. Das entstandene Transkript, das dem Anhang dieser Studie zu entnehmen ist, stellt die Basis für eine Interpretation dar, die im Falle dieser Arbeit durch die qualitative Inhaltsanalyse durchgeführt wurde.

3.3 Stichprobenziehung und Befragung von Minderjährigen

In der empirischen Sozialforschung ist es aufgrund begrenzter Ressourcen und Zeit nicht möglich die gesamte Population, bzw. in diesem Falle alle vom Distanzunterricht betroffenen Schüler*innen in Deutschland, in die Untersuchung einzubeziehen. Aus diesem Grund wird aus einer Menge potenzieller Untersuchungsobjekte eine vorab definierte Teilmenge (Fälle) entnommen, die für die Forschungsfrage relevante Eigenschaften abbilden (vgl. Kuckartz, 2016, S. 30f). Diese Stichprobenziehung, auch Sampling genannt, begleitet den gesamten qualitativen Forschungsprozess, nicht nur bei der Erhebung der Daten, sondern auch bei deren Auswertung und der angeschlossenen Ergebnispräsentation. In Abhängigkeit der Forschungsfrage wählen die Forschenden ihre Interviewpartner*innen aus (vgl. Akremi, 2019, S. 314).

Die Fälle können dann entweder willkürlich oder gezielt, zum Beispiel nach sozialdemographischen Merkmalen, wie Alter, Geschlecht oder Bildungsgrad ausgewählt werden (vgl. Akremi, 2019, S. 313-316). Qualitative Stichproben fallen aufgrund ihres umfangsreichen Auswertungsmaterials im Vergleich zu standardisierten Stichproben häufig kleiner aus. Durch die bereits angesprochene, theoretische Verallgemeinerung, die am Ende eines qualitativen Forschungsprojektes steht, ist eine große Fallzahl nicht notwendig, da sich ein „breites und tiefgehendes Spektrum an Informationen über den Gegenstandsbereich [...] schon mit relativ wenigen gut gewählten Fällen erreichen [...]" (Akremi, 2019, S. 325) lässt.

Wie bereits erwähnt, versucht die umfragenbasierte Forschung die Wahrnehmung der Befragten zu einem Thema möglichst entzerrt zu erfassen. Dennoch ist die Einstellung und die Bereitschaft der Teilnehmer*innen ausschlaggebend für die Qualität der Erhebungsdaten. Personen mit positiver Einstellung zu Befragungen zeigen, so Hlawatsch & Krickl (2019), beispielsweise eine geringere Verweigerungsquote und eine höhere Kooperationsbereitschaft. Sie antworten im Rahmen qualitativer Befragungen erfahrungsgemäß schneller, orientieren sich stärker am Leitfaden, äußern sich detailliert und lassen weniger Fragen unbeantwortet. Zeigen die Teilnehmenden Interesse und Spaß an der Beantwortung der Fragen und erkennen sie den Nutzen der Befragung, so wirkt sich dies ebenfalls positiv auf die Erhebung aus. Negativ hingegen steht eine Skepsis gegenüber der Befragung, beispielsweise resultierend aus nicht zureichend gewährleisteter Anonymität (vgl. S. 357ff).

Um die aktive Teilnahmebereitschaft der Befragten zu erhöhen bietet sich der Einsatz von Incentives (zu deutsch: Anreizen) an. Diese können im Vorfeld in Form von Gutscheinen oder monetären Anreizen eingesetzt werden. Der Einsatz von Incentives muss jedoch kritisch hinterfragt werden, da es zu systematischen Verzerrungen bei der Beantwortung der Fragen kommen kann. Unter einem „Sponsorship Bias" (zu deutsch: Voreingenommenheit beim Sponsoring), könnten Befragte ihre Antworten auf fremdes Interesse ausrichten um den Erwartungen des Forschenden gerecht zu werden. Dabei antworten die Befragten jedoch nicht im Interesse des Forschenden, sondern antworten hinsichtlich ihrer Vorstellung über die Interessen des Auftraggebers (vgl. Hlawatsch & Krickl, 2019, S. 362). Bei dem vorliegenden Forschungsprojekt ist aus diesem Grund auf den Einsatz solcher Incentives verzichtet worden.

Kinder und Jugendliche galten zunächst als unzureichend kompetent und mündig um an komplexen Forschungsprozessen teilnehmen zu können. Aufgrund der steigenden Relevanz von Kindern und Jugendlichen als Konsumenten seit Mitte der 1980er Jahre, erhalten sie zunehmende ökonomische Bedeutung. In der Methodenliteratur aktueller empirischer Sozialforschungen wird eine Präferenz dafür deutlich, Kinder und Jugendliche in Forschungsvorhaben, die sie selbst betreffen, mit einzubeziehen, auch wenn zu hinterfragen ist, ob sie als ausreichend kompetent für den Frage-Antwort-Prozess eingestuft werden können (vgl. Nachtsheim & König, 2019, S. 927). Gerade die Befragungen Minderjähriger (also Personen die nach §1 JuSchG das 18. Lebensjahr noch nicht vollendet haben) setzt „einen ausreichend kognitiven, sozialen und kommunikativen Entwicklungsstand voraus, der vor allem in Abhängigkeit vom Alter, aber auch vom Geschlecht und vom sozioökonomischen Hintergrund der Kinder und Jugendlichen steht" (Scott, 1997, zitiert nach Nachtsheim & König, 2019, S. 927).

Ebenso wie bei der Befragung Volljähriger ist bei Minderjährigen eine freiwillige Teilnahme vorauszusetzen und, wie oben bereits beschrieben, muss ihre Einwilligung zur Verarbeitung ihrer personenbezogenen, wenn auch anonymisierten, Daten erfolgen. Inwieweit sich Kinder und Jugendliche als ausreichend mündig erweisen, hängt von ihrer Einsichtsfähigkeit ab, d.h. ob sie „die Konsequenzen der Verwendung [ihrer] Daten verstehen und dazu Stellung nehmen" (Verband Markt- und Sozialforschung Deutschland, 2021, S. 1-3) können. Als Faustregel lässt sich hier anmerken, dass Jugendlichen (also Personen, die nach §1 JuSchG 14, aber noch nicht 18 Jahre alt sind) grundsätzlich eine ausreichende Einsichtsfähigkeit zugesprochen werden kann. Kinder, also Personen die das 14. Lebensjahr noch nicht vollendet haben (vgl. §1 JuSchG), müssen differenzierter betrachtet werden, wobei zu sagen ist, dass man Kindern unter elf Jahren eine solche Kompetenz grundsätzlich entsagt (vgl. Nachtsheim & König, 2019, S. 928f). Unabhängig von der Altersstufe, müssen die Forschenden den Grad der Einsichtsfähigkeit ohnehin individuell bewerten. Die Schüler*innen, die an den durchgeführten Interviews teilgenommen haben, waren zum Zeitpunkt der Befragung alle 13 Jahre alt. Eine Bewertung, ob die befragten Schüler*innen über eine zureichende Einsichtsfähigkeit verfügten um an der Befragung teilnehmen zu können, war nicht erforderlich, da die Schulleitung auf eine schriftliche Einwilligung der Erziehungsberechtigten bestanden hat.

Bei der Datenerhebung in einer Schule sind zusätzlich die Bestimmungen der jeweiligen Landesverordnungen zu berücksichtigen. So gilt für die Erhebung personenbezogener Daten an rheinland-pfälzischen Schulen folgende Richtlinie:

> Die Verarbeitung von Daten für wissenschaftliche Untersuchungen in der Schule [...] bedarf der Genehmigung der Schulbehörde und der Einwilligung der betroffenen Personen. Personenbezogene Daten dürfen für ein bestimmtes Vorhaben nur verarbeitet werden, sofern die Belastung der Schule sich in einem zumutbaren Rahmen hält. Die Genehmigung darf nur erteilt werden, wenn ein erhebliches pädagogisch-wissenschaftliches oder gleichwertiges Interesse anzuerkennen ist. (§67 Abs. 7 SchulG RP)

Eine Genehmigung der Schulbehörde war nicht erforderlich, da der Forschende zum Zeitpunkt der Befragung als teilzeitbeschäftigte Lehrkraft Mitglied der Schulgemeinschaft war. Der vereinfachte Zugang war das Schlüsselargument für die Durchführung des Forschungsprojektes an dieser Schule. Nach Genehmigung durch die Schulleitung und nach Rücksprache mit den Klassenleiter*innen, wurde eine Klasse der Jahrgangsstufe 7 ausgewählt. Um die im Schulgesetz angesprochene Belastung so gering wie möglich zu halten, koordinierte der Forschende die Stundenpläne aller Beteiligten so, dass die Interviews nur in den Schulstunden durchgeführt wurden, in denen die Schüler*innen ohnehin eine Vertretungsstunde hatten und somit kein regulärer Fachunterricht versäumt wurde. Durch die Koordinierung der Stundenpläne vollzog sich die Datenerhebung der vier Schüler*innen vom 02.07.2021 bis zum 08.07.2021.

Bevor den Schüler*innen das Informationsschreiben über die Befragung ausgehändigt wurde, schilderte der Forschende sein Forschungsvorhaben in der Klasse. Dies bot sich in einer ihm zugeteilten Vertretungsstunde am 14.06.2021 an. Dabei erhielten die Schüler*innen zudem die Möglichkeit Fragen zu stellen. Nach einer Rücklaufzeit von 14 Tagen haben sich sechs Schüler*innen, bzw. deren Erziehungsberechtigte, zur freiwilligen Teilnahme an der Befragung einverstanden erklärt. Aus diesen sechs potenziellen Kandidaten wurden, zusammen mit den Klassenleiter*innen, vier Schüler*innen ausgewählt. Die Auswahlkriterien bezogen sich v.a. auf das Kompetenz- und Leistungsniveau, sowie auf das Geschlecht der Schüler*innen, um eine möglichst breitgefächerte Stichprobe zu erhalten. Die Kriterien der Strichprobenziehung waren primär von den subjektiven Einschätzungen der Klassenlehrer*innen bestimmt. Nach der Auswahl der Fälle konnten die Interviews durchgeführt werden. Die Schüler*innen wurden nach Rücksprache mit den Vertretungslehrer*innen aus dem Unterricht genommen und in einem verfügbaren Klassenraum einzeln befragt. An die Datenerhebung schloss sich die Auswertung mit der qualitativen Inhaltsanalyse an.

3.4 Qualitative Inhaltsanalyse

Die qualitative Inhaltsanalyse stellt eine Auswertungsmethode dar, Texte, die im Rahmen sozialwissenschaftlicher Erhebungen entstanden sind, zu analysieren. Die erste Form der Inhaltsanalyse wurde in der ersten Hälfte des 20. Jahrhunderts zur kommunikationswissenschaftlichen Auswertung, der sich zu dieser Zeit verbreitenden Massenmedien, entwickelt. Zunächst beschäftigte sich die Inhaltsanalyse jedoch mit der quantitativen Häufigkeitsbestimmung von Motiven im Material und dessen Auszählung. Die Stärke dieser Methode ist die streng kontrollierte Vorgehensweise, das zu beforschende Material systematisch zu analysieren. Die qualitative Inhaltsanalyse macht sich diese regelgeleitete Technik zunutze, was den qualitativ-interpretativen Akt überprüfbar und nachvollziehbar macht.

Die Methode besteht grundsätzlich aus zwei Schritten. Im ersten Schritt werden dem vorliegenden Datenmaterial Kategorien zugeordnet, die entweder im Vorfeld theoriegeleitet deduktiv erstellt wurden, oder induktiv beim Bearbeiten des Materials schrittweise entwickelt werden. Das so entstehende Kategoriensystem, welches das eigentliche Analyseinstrument der qualitativen Inhaltsanalyse darstellt, wird dann auf den Text angewendet, bis eine sogenannte theoretische Sättigung eintritt und keine neuen Kategorien mehr gebildet werden können. Im zweiten Schritt werden die durch das Kategoriensystem herausgefilterten Aspekte geordnet und interpretiert (vgl. Mayring & Fenzl, 2019, S. 633ff). Demnach ist zu schlussfolgern, dass qualitative Inhaltsanalysen mit der Qualität ihrer Kategorien stehen und fallen. Doch bevor das Kategoriensystem thematisiert wird, erscheint es sinnvoll, den Ablauf der qualitativen Inhaltsanalyse systematisch von vorne heraus aufzurollen, da systematisches Vorgehen ein wichtiges Charakteristikum dieser Methode darstellt.

3.4.1 Initiierende Textarbeit

Die erste Phase des Auswertungsprozesses ist die initiierende Textarbeit, in der der gesamte Text hermeneutisch-interpretativ durchgelesen wird, um ein erstes Gesamtverständnis für den Text auf Basis des Forschungsvorhabens zu entwickeln. Hierzu kann es hilfreich sein die Entstehungsbedingungen der Daten zu berücksichtigen. Auch eine formale Begutachtung des Textes, d.h. die Textlänge, die Satzstruktur etc., kann für die Interpretation aufschlussreich sein (vgl. Kuckartz, 2016, S. 56). Um wichtige oder komplexe Abschnitte zu kennzeichnen und die Argumentationslinie, d.h. die inhaltliche Struktur zu betrachten, ist die Arbeit mit mehrfarbigen Markierstiften oder Notizen am Rand des Textes hilfreich. Bei umfangreicherem Textmaterial oder bevorzugtem Arbeiten am Computer bietet sich die Hinzunahme einer Qualitative Data

Analysis (QDA) Software an, die eine solche Texterschließung digital ermöglicht. Im Rahmen dieser Studie wurde darauf jedoch verzichtet. Bei der qualitativen Inhaltsanalyse ist es üblich bereits parallel zur weiteren Erhebung mit der Auswertung zu beginnen. Das unterscheidet sie von anderen qualitativen Verfahren oder standardisierten Forschungsmethoden, bei denen Erhebung und Analyse strikt getrennt bleiben (vgl. Kuckartz, 2016, S. 57). Nachdem die Forschenden ein globales Verständnis für den Text entwickelt haben, folgt die intensive Auseinandersetzung mit den Analyseeinheiten.

Kuckartz (2016) unterscheidet in seiner Ausführung der qualitativen Inhaltsanalyse zwischen drei Typen: der inhaltlich-strukturierenden, der evaluativen und der typenbildenden qualitativen Inhaltsanalyse (vgl. S. 97, 123, 143). Da der vorliegenden Studie die inhaltlich-strukturierende qualitative Inhaltsanalyse zugrundeliegt, werden die beiden Letztgenannten in diesem Rahmen vernachlässigt.

3.4.2 Kategorienbildung

Bei der gewählten Methode folgt in Phase zwei die Entwicklung von thematischen Hauptkategorien. Im sozialwissenschaftlichen Kontext wird der aus dem Griechischen abgeleitete Begriff Kategorie (κατηγορία) im Sinne von „Klasse" genutzt. Demnach sind Kategorien (auch Codes genannt) „das Ergebnis der Klassifizierung von Einheiten" (Kuckartz, 2016, S. 31). Die Bildung von Kategorien ist, wie oben bereits angemerkt, für die erkenntnistheoretische Forschung ein elementarer Prozess, denn „der pragmatische Sinn jeder Inhaltsanalyse besteht letztlich darin, unter einer bestimmten forschungsleitenden Perspektive Komplexität zu reduzieren. […] Bei der Reduktion von Komplexität geht notwendig[e] Information verloren, […] die […] im Zusammenhang mit der vorliegenden Forschungsfrage aber nicht interessier[t]" (Früh 2004, zitiert nach Kuckartz, 2016, S. 32). Kategorien stellen somit die für die Forschungsfrage relevanten Aspekte in den Vordergrund und ignorieren die Irrelevanten. Sie stellen neben den Fällen die zweite Strukturierungsdimension dar. Kuckartz (2016) schreibt, dass das Spektrum der Kategorien weitreichend ist und zwischen drei grundsätzlichen Arten unterschieden wird. Differenziert werden Fakten-Kategorien, thematischen Kategorien und evaluativen Kategorien. Fakten-Kategorien sind Kategorien, die eine Gruppe aufgrund objektiver Gegebenheiten einteilen. Dazu zählen das Alter, das Geschlecht, der Beruf, der Wohnort etc. (vgl. S. 33f). Eine Klassifizierung nach Schüler*innen ist demgemäß eine Fakten-Kategorie. Thematische Kategorien beeinhalten bestimmte Themen, Argumente oder Ideen, die innerhalb einer Textstelle zu finden sind. Diese Kategorien dienen der Strukturierung inhaltlicher Aspekte eines Textes. Diese Art von Kategorien ist neben der Fakten-Kategorie die für diese Studie relevante Kategorienart. Die dritten für diese Studie vernachlässigten Kategorien sind die evaluativen oder bewertenden Kategorien. Sie vereinen eine Reihe komplexer, extern bestimmter Maßstäbe, die auf den Text angewendet werden (vgl. S. 34).

Kategorien der qualitativen Inhaltsanalyse werden durch die genaue Beschreibung ihres Inhalts definiert (vgl. Kuckartz, 2016, S. 37). Ob dies auf einem deduktiven oder induktiven Weg geschieht, hängt letzlich von der Forschungsfrage, der Zielsetzung und dem vorhandenen Vorwissen der Forschenden ab. Bei der deduktiven oder A-priori-Kategoriebildung werden die Kategorien unabhängig vom erhobenen Datenmaterial und anhand des thematischen Vorwissens der Forschenden gebildet. Die Schwierigkeit bei einem deduktiven Ansatz liegt in der präzisen Formulierung der Kategorien, sodass es nicht zu Überschneidungen kommt, denn nur eindeutig definierte Kategorien lassen eine exakte Inhaltsanalyse zu (vgl. S. 37, 66f).

In der qualitativen Forschung werden Kategorien häufig direkt am erhobenen Material gebildet. Diesen Ansatz, der auch bei der vorliegenden Studie zur Verwendung gekommen ist, bezeichnet man als induktive Kategoriebildung. Bei der induktiven Methode handelt es sich um eine wissenschaftliche Tätigkeit, die zwar ebenfalls auf das Vorwissen der Forschenden zurückgreift, jedoch stärker an der hermeneutischen Textdeutung interessiert ist, da die Analyseeinheiten aus dem Text selbst entstehen und nicht auf ihn projiziert werden. Ob die induktive Kategoriebildung zunächst an einer Teilmenge des Material praktiziert wird oder den gesamten Text umfasst, ist zunächst unerheblich, so Kuckartz (vgl. 2016, S. 83). Da das Kategorisieren (oder Codieren) eines Textes aber immer ein konstruktiv-interpretativer Akt ist, muss das Vorgehen der Forschenden stets reflektiert werden. Haben die Forschenden ein geeignetes Kategoriensystem für ihr Forschungsvorhaben entwickelt, beginnt im dritten Schritt der qualitativen Inhaltsanalyse der erste Codierprozess des gesamten Materials.

3.4.3 Kategorienzuordnung

Im ersten Codierprozess werden die Textabschnitte zeilenweise den zuvor gebildeten Hauptkategorien thematisch zugeordnet. In der Regel werden Sinnabschnitte codiert, d.h. mindestens ein vollständiger Satz, sodass die relevanten Informationen ausreichend verständlich erfasst werden. Für die Beantwortung der Forschungsfrage irrelevante Äußerungen bleiben uncodiert. Ist das gesamte Material codiert worden, werden alle mit der gleichen Kategorie codierten Textstellen zusammengestellt. Dies stellt die vierte Phase der qualitativen Inhaltsanalyse dar. Je nach Umfang des Datenmaterials bietet sich auch hier wieder die Hinzunahme einer QDA-Software an (vgl. Kuckartz, 2016, S. 57, 101-104). In der sich daran anschließenden fünften Phase werden die noch allgemein formulierten Hauptkategorien ausdifferenziert. Hierzu werden Subkategorien anhand des Materials induktiv bestimmt. Die entstandenen Subkategorien werden zusammengestellt, geordnet, durch Definitionen präzisiert und durch Zitate aus dem Material illustriert (vgl. Kuckartz, 2016, S. 106f). Wie sich zeigt, handelt es sich bei dem Kategoriensystem der qualitativen Inhaltsanalyse nicht um einen starren vordefinierten Katalog an Analyseeinheiten, sondern um eine Kartei, die sich im Laufe der Analyse weiterentwickelt. Ist die Abgrenzung der Subkategorien gelungen, setzt die arbeitsintensivste Phase der qualitativen Inhaltsanalyse ein, nämlich der zweite Codierprozess (vgl. Kuckartz, 2016, S. 110). Das neue Kategoriensystem wird abermals auf das gesamte Datenmaterial angewendet. Wurde bei der Ausdifferenzierung der Hauptkategorien nicht nahe genug am Material gearbeitet, kann es passieren, dass einige relevante Textstellen nicht zu den Subkategorien zugeordnet werden können. In diesem Fall ist eine Erweiterung der Subkategorien erforderlich. Später können zu detaillierte Subkategorien unproblematisch zusammengefasst werden. Während des Forschungsprozesses ist die Neubildung und Reduktion von Subkategorien mehrfach durchschritten worden, um zu dem finalen Kategoriensystem zu gelangen. Nachdem der zweite Codierprozess abgeschlossen ist, folgt die Analyse des strukturierten Materials.

3.4.4 Kategorienbasierte Auswertung und Präsentation

Mit Abschluss des zweiten Codierprozesses ist, laut Kuckartz (2016), die arbeitsreichste Phase abgeschlossen (vgl. S. 111). Bevor man sich jedoch der Auswertung des Materials entlang der gebildeten Kategorien annimmt, ist es sinnvoll das strukturierte Material thematisch zusammenzustellen. Dies kann v.a. dann zweckmäßig sein, wenn die Kategorien bei sehr umfangreichen Daten im gesamten Material verteilt sind. Durch diesen Schritt wird das Material noch einmal auf die für die Forschungsfrage relevanten Inhalte komprimiert, geordnet und reduziert. Durch das Anwenden der Kategorien auf das Material ist ein thematisches Koordinatennetz (Grid) zwischen den Fällen und ihren Kategorien entstanden. Diese Themenmatrix lässt sich tabellarisch darstellen und ermöglicht es die zentralen Aussagen eines Falles in den Blick zu nehmen und die Aussagen direkt zu vergleichen. Die Aussagen können so sortieren werden, dass bestimmte Merkmale ähnlicher Fälle hintereinander dargestellt werden und die Einzelfallbetrachtung gut im Zusammenhang aller Fälle verortet werden kann. Diese Art der Darstellung ist für die Leser*innen nachvollziehbar, da sie auf empirischen Daten begründet ist, welche sich leicht auf die Originalaussagen zurückverfolgen lassen (vgl. Kuckartz, 2016, S. 111f). Diese Methode der Strukturierung ist v.a. bei Forschungsvorhaben sinnvoll, bei denen nur wenige Fälle untersucht werden. Bei einer großen Anzahl an Fällen dürfte sich eine tabellarische Darstellung als komplexe Aufgabe erweisen. Die Themenmatrix ist, wie auch die Transkripte der Interviews, dem Anhang beigefügt.

Die Forschenden können so die einzelnen Fälle und ihre Kategorien miteinander vergleichen und verallgemeinerte Aussagen treffen. Dies kann auf grundsätzlich zwei Weisen geschehen: aus der fallorientierten oder der kategorieorientierten Perspektive. Wird die Matrix aus der Fallperspektive betrachtet, hat man die Äußerungen eines einzelnen Falles im Blick, strukturiert durch die Systematik der Haupt- und Subkategorien. Nimmt man die kategorienorientierte Perspektive ein, richtet sich die Aufmerksamkeit auf die inhaltlichen Aspekte des Interviews. Diese zweite Variante ist für die in dieser Studie durchgeführte Analyse in Frage gekommen. Durch die inhaltliche Strukturierung sind auch mehrteiligere Operationen möglich: Fallgruppen können Einzelfällen oder anderen Gruppen gegenübergestellt werden. Äußerungen zu einem ersten Thema können auf Ähnlichkeiten und Differenzen eines zweiten Themas untersucht werden. Die aus der Inhaltsanalyse hervorgehenden Erkenntnisse werden in geeigneter Form visualisiert, um deren Nachvollziehbarkeit zu gewährleisten. Die einzelnen Schritte der inhaltlich-strukturierenden Inhaltsanalyse, die im Rahmen dieser Studie durchlaufen wurden, werden in der folgenden Abbildung (Abb. 2) grafisch zusammengefasst.

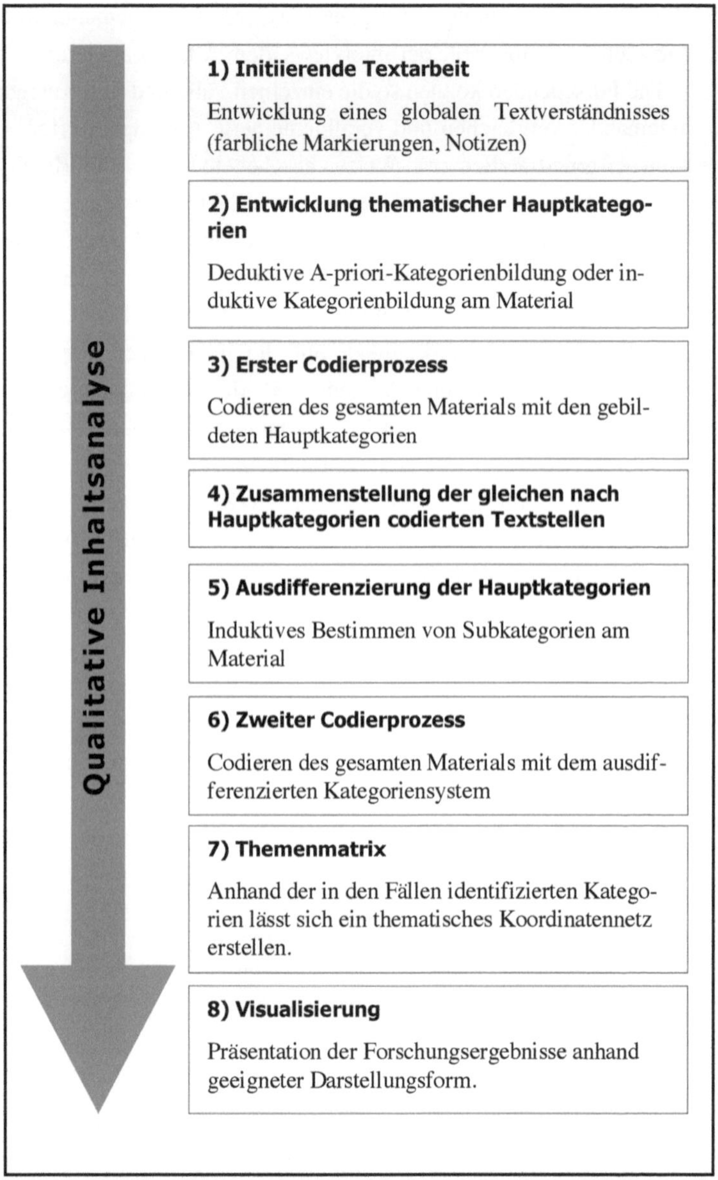

Qualitative Inhaltsanalyse

1) Initiierende Textarbeit

Entwicklung eines globalen Textverständnisses (farbliche Markierungen, Notizen)

2) Entwicklung thematischer Hauptkategorien

Deduktive A-priori-Kategorienbildung oder induktive Kategorienbildung am Material

3) Erster Codierprozess

Codieren des gesamten Materials mit den gebildeten Hauptkategorien

4) Zusammenstellung der gleichen nach Hauptkategorien codierten Textstellen

5) Ausdifferenzierung der Hauptkategorien

Induktives Bestimmen von Subkategorien am Material

6) Zweiter Codierprozess

Codieren des gesamten Materials mit dem ausdifferenzierten Kategoriensystem

7) Themenmatrix

Anhand der in den Fällen identifizierten Kategorien lässt sich ein thematisches Koordinatennetz erstellen.

8) Visualisierung

Präsentation der Forschungsergebnisse anhand geeigneter Darstellungsform.

Abb. 2 Ablauf inhaltlich-strukturierter Inhaltsanalysen

4. Darstellung der Forschungsergebnisse: Schüler*innenautonomie im Distanzunterricht

Die Autonomie einer Person „ist nicht unmittelbar messbar, nicht unmittelbar bestimmbar, sondern nur diskursiv beschreibbar" (Keller, 2015, S. 75). Um die Autonomie einer Person messen zu können, muss untersucht werden, „unter welchen Bedingungen eine Person autonom ist" (Seidel, 2016, S. 11), mit anderen Worten, wann der Begriff der Autonomie auf eine Person zutrifft. Da sich im Laufe dieser Studie gezeigt hat, dass es sich bei der Autonomie um ein selbstreferenzielles Konzept handelt, d.h. eine immer auf sich selbst bezogene Idee ist, können nur die Beforschten selbst durch ihre Aussagen und Tätigkeiten Aufschluss über den Grad ihrer erreichten Autonomie geben (vgl. Esser, 2012, S. 74f). Im Zuge dessen wurde auf die Datenerhebung in Form von Leitfaden gestützten Schüler*inneninterviews zurückgegriffen. Im dem folgenden Kapitel werden die aus den Schüler*inneninterviews gewonnen Erkenntnisse dargestellt, diskutiert und anhand der in vorausgegangenen Kapiteln erläuterten Konzepte zur Autonomie und deren Förderung verglichen und analysiert. Inwieweit die gewählte Forschungsmethode der qualitativen Inhaltsanalyse in Verbindung mit Leitfadeninterviews die Beantwortung der Forschungsfrage ermöglicht haben, wird in der sich anschließenden Reflexion diskutiert.

4.1 Deskription und Analyse der Forschungsergebnisse

Bevor die thematischen Aspekte im Material betrachtet werden, werden die Interviews zunächst formal begutachtet (vgl. Kuckartz, 2016, S. 56). Ein Charakteristikum qualitativer Befragungen ist, dass sich die Befragten frei artikulieren können, um subjektiv ihre Meinungen und Deutungen offenlegen zu können (vgl. Mayring, 2016, S. 68f). Je höher der Redeanteil der Befragten ist, desto wahrscheinlicher ist die ungebundene, freie Äußerung von nicht erwarteten Fakten. Es ist davon auszugehen, dass ein möglichst hoher Redeanteil bei den Befragten eine wichtige Eigenschaft für die Erhebung geeigneter Äußerungen darstellt. Um den prozentualen Sprechanteil zwischen den befragten Schüler*innen und dem Forschenden zu ermitteln, wurde die Wortanzahl der Transkripte als Bewertungsgrundlage verwendet. Dies bringt den Vorteil mit sich, dass nur gesprochene Sprache in die Bewertung einfließt und Pausen vernachlässigt werden. Würden die befragten Schüler*innen während ihrer Äußerungen lange Pausen machen, würde das den faktischen Redeanteil verzerren. Aus den errechneten Daten ergibt sich folgende Grafik (Abb. 3).

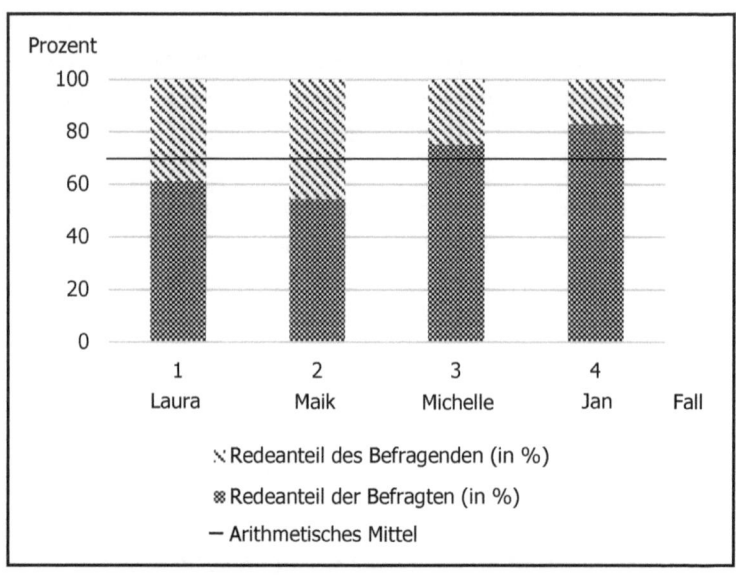

Abb. 3 Prozentualer Anteil der Redezeit der Interviewparteien pro Fall

Das arithmetische Mittel, errechnet aus allen vier Interviewsituationen, beträgt 68,6%. Die ersten beiden Fälle, Laura mit 61,4% und Maik mit 54,6% liegen unterhalb des errechneten Mittelwerts. Die beiden anderen Fälle, Michelle mit 75,1% und Jan mit 83,2%, liegen darüber.

In allen vier Interviews wurden dieselben 29 Leitfragen gestellt. Dass der prozentuale Anteil jedoch deutlich unterschiedlich ausfällt, lieg v.a. daran, dass Laura und Maik, im Vergleich zu Michelle und

Maik, manche Fragen nicht verstanden haben und der Forschende die Fragen umformulieren und erneut stellen musste. Außerdem haben sie auf viele Fragen sehr knapp und teilweise nur in Satzbruchstücken geantwortet. Durch Nachfragen des Forschenden erhöht sich dessen Redezeit unwillkürlich. Bezogen auf die personenbezogenen Daten, wie das Alter und das Geschlecht, lassen sich die Unterschiede nicht erklären. Die befragten Schüler*innen waren zum Zeitpunkt der Befragung 13 Jahre. Der unterschiedliche Redeanteil kann demnach nicht auf das Alter zurückgeführt werden. Auch geschlechtsspezifische Tendenzen konnten bei den weiblichen und männlichen Probanden nicht erkannt werden. In Anbetracht der formalen Begutachtung, kann das Interview als erfolgreich angesehen werden. Der niedrigste Wert liegt bei 54,6%, was bedeutet, dass der Sprechanteil nie durch den Interviewenden dominiert worden ist. Bei Jans Interview liegt der Sprechanteil des Interviewenden bei 16,8% und demnach das Interview überwiegend von seiner Redezeit bestimmt war.

Nach der formalen Begutachtung des Materials folgt die Auseinandersetzung mit den thematischen Kategorien (vgl. Kuckartz, 2016, S. 34). Entlang der induktiv am Material gebildeten Haupt- und Subkategorien werden die Aussagen der Schüler*innen zusammengefasst dargestellt und analysiert. Das Material war bereits durch den Leitfaden vorstrukturiert, was eine erste Bildung von Hauptkategorien entlang des Materials ermöglichte. Nach dem ersten Codierprozess (vgl. Kuckartz, 2016, S. 101-104) ergeben sich vier Hauptkategorien:

- o   individuelles Lernen,
- o   gemeinsames Lernen,
- o   Wahrnehmung von Autonomie und
- o   Reflexion über das Distanzlernen.

Nachdem die Hauptkategorien dem Material zugeordnet waren, konnten diese weiter ausdifferenziert und ein Kategoriensystem mit 13 Subkategorien (Abb. 4) erstellt werden. Durch erneutes Codieren konnte das Material weiter strukturiert und eine Themenmatrix mit Interviewzitaten erstellt werden, die eine Auswertung entlang der Kategorien fallübergreifend ermöglichte. Diese erstellte Themenmatrix ist dem

Anhang zu entnehmen. Im Folgenden werden die Äußerungen der befragten Schüler*innen deskriptiv entlang der gebildeten Haupt- und Subkategorien zusammengefasst. An die inhaltliche Deskription schließt sich jeweils die analytische Verknüpfung mit den theoretischen Aspekten der Autonomie und dessen Förderung an. Eine sich anschließende Diskussion an die jeweilige Kategorie erschien aufgrund des kategorienbasierten Vorgehens als die sinnvollste Variante.

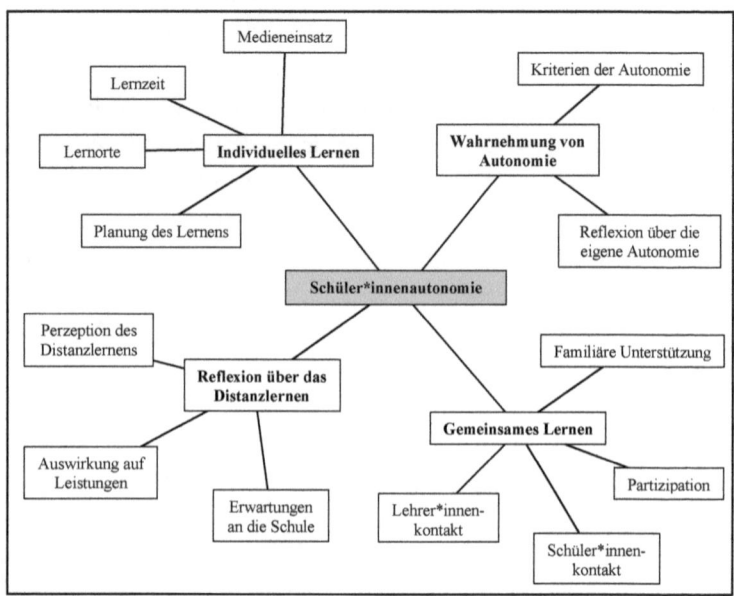

Abb. 4 Kategoriensystem: Induktiv am Material gebildete Haupt- und Subkategorien zur Schüler*innenautonomie

4.1.1 Individuelles Lernen

Die erste Subkategorie *Lernzeit*, innerhalb der Hauptkategorie *Individuelles Lernen*, untersucht den täglich aufgewendeten Zeitraum, den die Schüler*innen mit ihrem schulischen Lernen verbracht haben. Dazu zählt die Teilnahme an Videokonferenzen, die Bearbeitung von Arbeitsaufträgen, das Kommunizieren mit Lehrer*innen oder Mitschüler*innen, sowie das Informieren über fachliche Inhalte über diverse Medien.

Nach ihren Aussagen hat Laura, die erste Befragte, fast den ganzen Tag damit verbracht, ihre Aufgaben für die Schule zu erledigen. Sie sagte aus, dass sie morgens an den digitalen Videokonferenzen teilgenommen und anschließend ihre Hausaufgaben erledigt hat. Sie erklärte sich den zeitlichen Mehraufwand damit, dass sie während des Distanzunterrichts mehr aufbekommen habe als vergleichsweise im Präsenzunterricht vor dem Lockdown. An den Hausaufgaben hat sie teilweise bis 20 Uhr gesessen. Der zweite Befragte, Maik, sagte aus, dass er je nach Anzahl der zu erledigenden Aufgaben mindestens sieben Stunden in sein tägliches Lernen investiert habe. Er saß, zusätzlich zu den Videokonferenzen, etwa zwei bis drei Stunden an seinen Hausaufgaben, an manchen Tagen etwas länger. Michelle, die dritte Teilnehmerin in der Befragung, sagte aus, dass sie in dem für den Präsenzunterricht üblichen Zeitraum von 8 Uhr morgens bis 13 Uhr nachmittags mit ihrem schulischen Lernen beschäftigt war. Diese Uhrzeit kam zustande, da ab 8:10 Uhr bereits die ersten Videokonferenzen stattfanden. Nachmittags, nach einer Pause, hat sie sich erneut an ihre Hausaufgaben gesetzt. Wie lange sie sich mit ihren Hausaufgaben auseinandergesetzt hat, war vom Aufgabenpensum abhängig, welches täglich variierte. Der vierte Befragte, Jan, hat, nach eigenen Aussagen, etwa drei oder vier Stunden in sein tägliches Lernen investiert. Abhängig von seiner Effizienz und der Quantität der Aufgaben war er an manchen Tag auch schneller fertig. Sein Arbeitszeitraum war von 8 Uhr morgens bis 12 Uhr mittags. Oft hat er sich nach einer Mittagspause erneut mit seinen Hausaufgaben beschäftigt, falls auf der Online-Plattform, auf der die Aufgaben zur

Verfügung gestellt wurden, neue Aufgaben dazugekommen sind, oder er am Vormittag angefangene Aufgaben noch beenden musste.

Zusammenfassend zu der ersten Subkategorie *Lernzeit* ist festzuhalten, dass die vier Befragten eine unterschiedlich große Zeitspanne für ihr Lernen aufgewendet haben. Diese hat, laut Schüler*innenaussagen, zwischen drei Stunden und dem ganzen Tag in Anspruch genommen. Nur Michelle und Jan äußerten sich dazu, dass sie sich bereits ab 8 Uhr mit ihrem schulischen Lernen beschäftigt haben. Die anderen beiden Teilnehmer*innen lieferten dazu keine Informationen. Da die Videokonferenzen aber nur am Vormittag stattgefunden haben, kann man davon ausgehen, dass auch sie bereits ab 8 Uhr morgens mit ihrem schulischen Lernen beschäftigt waren. Laura und Maik waren sich darüber einig, dass der Arbeitsaufwand im Vergleich zum Präsenzunterricht zugenommen habe. Michelle sah ihre Lernzeit auf einem vergleichbaren Niveau mit dem regulären Präsenzunterricht. Sie arbeitete hauptsächlich zwischen 8 Uhr und 13 Uhr und erledigte darüber hinaus kleinere Aufgaben am Nachmittag. Jan arbeitete, nach eigenen Aussagen, etwa drei bis vier Stunden täglich, auch wenn er nachmittags noch nicht fertiggestellte Aufgaben beendet hat. Die Aussagen von Maik, Michelle und Jan stimmen in der Hinsicht überein, dass das tägliche Arbeitspensum über die Woche unterschiedlich verteilt war. Daraus resultiert, dass die Schüler*innen Schwierigkeiten hatten, ihre investierte Lernzeit abschätzen zu können. Bezogen auf die Selbstständigkeit der Schüler*innen und dem Distanzunterricht ist festzuhalten, dass jene verschieden gut in der Lage waren, ihr Lernen zeitlich angemessen aufzuteilen. Diejenigen, die durch den Distanzunterricht mehr Zeit für ihr Lernen aufwenden mussten, machten das zugenommene Arbeitspensum dafür verantwortlich. Die anderen Befragten hatten keinen nennenswerten zeitlichen Mehraufwand. Ausgehend davon, dass alle Befragten aus der gleichen Klasse stammen und, unter Berücksichtigung der Binnendifferenzierung, die mehr oder minder gleichen Aufgaben erhalten haben, kann dies nicht der Grund für den erheblichen Mehraufwand sein. Wahrscheinlicher erscheint die unterschiedlich stark ausgeprägte Zeitmanagement-Kompetenz als Grund für die große Streuung von drei

Stunden bis über den ganzen Tag hin. Laut Vettiger et al. (1979) zeigt sich Schüler*innenautonomie v.a. bei der Selbstorganisation von Lernprozessen (vgl. S. 173). Darunter fällt, neben der Strukturierung von Arbeitsabläufen, auch die Planung und Kontrolle der eigenen Zeitnutzung. In diesem Sinne kann der Distanzunterricht als Chance für die Selbstständigkeitsentwicklung gesehen werden. Dadurch, dass die Schüler*innen nicht mehr an den 45-minütigen Stundenrhythmus in der Schule gebunden sind, können sie sich die notwendige Zeit nehmen, die sie für die Bearbeitung benötigen, sofern die dafür notwendigen Kompetenzen entwickelt wurden. Sie können in ihrem Tempo arbeiten und stehen nicht unter Zeitdruck (vgl. Klafki, 2003, S. 24). Im Zuge eines autonomiefördernden Unterrichts müssen Lehrer*innen die selbstständige Zeitplanung der Schüler*innen fördern und auch fordern (Schaare, 1998, S. 55), damit sie in der Lage sind, ihre Lernprozesse effektiv strukturieren zu können und damit effizient arbeiten zu können.

Die zweite Subkategorie *Medieneinsatz* untersucht die genutzten Kommunikationsmittel, die während des Distanzunterrichts eingesetzt wurden. Zum einen um den Kontakt zwischen den Schüler*innen untereinander, aber auch mit den Lehrkräften zu halten, zum anderen, zur Informationsbeschaffung. Dazu zählen neben digitalen Medien wie Videokonferenzen, Unterrichtssoftware, Lernvideos, Hörbüchern und sozialen Medien auch die klassischen Varianten der Schulbücher, Magazine und Arbeitsblätter.

Laura nutzte zur Informationsbeschaffung nur das Material, das ihr auf der Lernplattform zur Verfügung gestellt wurde. Dies beinhaltete Arbeitsanweisungen, sowie Audio- und Videosequenzen. Mit ihren Lehrer*innen hat sie sowohl über die Lernplattform, als auch über die Videokonferenzen Kontakt gehalten. Dazu nutzte sie ihren Laptop. Für die Kommunikation mit Mitschüler*innen nutzte sie soziale Dienste wie Facebook und WhatsApp. Maik hat ebenfalls nur das verwendet, was er von seinen Lehrer*innen auf der Lernplattform bereitgestellt bekommen hat. Dazu zählen Arbeitsblätter, Texte und Bilder, die er mit dem PC aufgerufen hat. Hilfe suchte er meist über das Internet, das er gewöhnlicher Weise mit seinem Handy aufruft. Selten hat er sich mit seinen Mitschüler*innen in Verbindung gesetzt. Lediglich über die Videokonferenzen und einige wenige Male über den sozialen Dienst WhatsApp, hat er Kontakt mit ihnen gehalten. Michelle berichtete, genau wie Laura, von Lernvideos und wie Maik von Arbeitsblättern, die auf der Lernplattform hochgeladen wurden. Zusätzlich erwähnte Michelle, dass sie auf der Lernplattform die Möglichkeit hatte, ihr Wissen in Quizzen zu überprüfen. Für die Kontaktaufnahme zu ihren Mitschüler*innen nutzte sie Zoom, WhatsApp und E-Mails. Außerdem hat sie, mehr oder weniger für den schulischen Gebrauch, die sozialen Netzwerke YouTube und TikTok verwendet. Für den Englischunterricht nutzte sie häufig eine Übersetzungssoftware aus dem Internet. Die erwähnten Medien rief sie sowohl über ihren Laptop, als auch über ihr Handy auf.

Jan berichtete ebenfalls von der Lernplattform als zentrales Bindeglied zwischen der Schule und dem häuslichen Lernen. Dort wurden Aufgabenblätter und Arbeitsanweisungen bereitgestellt. Laut seinen Aussagen waren in diesen Arbeitsanweisungen die Schulbücher, die üblicherweise auch im Präsenzunterricht zum Einsatz kommen, eingebunden. Auf solche analogen Medien hat er sich jedoch eher weniger konzentriert, da er das Internet zur Informationsbeschaffung, gerade das Schauen von Lernvideos als angenehmer empfand. Darüber hinaus erwähnte er Zoom und BigBlueButton als Medien zur Kommunikation mit seinen Lehrer*innen und WhatsApp als Weg um mit seinen Mitschüler*innen in Kontakt zu treten. Seiner Nachhilfelehrerin hat er Fotos seiner Aufgaben geschickt, falls er Hilfe benötigte.

Zusammenfassend zu der Subkategorie *Medieneinsatz* ist festzuhalten, dass die vier Befragten eine große Zahl an Medien für ihr schulisches Lernen genutzt haben. Diese reichten von Arbeitsblättern und Schulbüchern, über Lernplattformen und E-Mails, bis hin zu sozialen Netzwerken wie Facebook, WhatsApp, YouTube oder TikTok. Maik, Michelle und Jan schätzten den Zugriff auf Informationen aus dem Internet. Dazu haben Maik und Jan versucht ihre Fragen über die Suchmaschine Google zu beantworten, weil es zum Beispiel nach Jans Aussagen schneller gehe und der Leseaufwand minimiert werde, gerade beim Zurückgreifen auf Lernvideos. Michelle sah den Vorteil v.a. in der Nutzung von Übersetzungssoftware für den Fremdsprachenunterricht. Bezogen auf die Selbstständigkeit der Schüler*innen und den Distanzunterricht zeigte sich, dass die Schüler*innen, unabhängig von der Hilfe ihrer Lehrer*innen versucht haben, mithilfe des Internets und gegenseitiger Hilfe ihre Aufgaben zu bearbeiten und Inhalte zu verstehen. Die Phasen individuellen Arbeitens und kommunikativen Austauschs ermöglichten den Schüler*innen neue soziale Erfahrungen zu machen, das eigenständige Denken zu fördern und selbstentworfene Lösungswege zu erproben (vgl. Schaare, 1998, S. 17). Vor allem das breitgefächerte Ressourcenangebot durch die Nutzung der digitalen Hilfsmittel, das Informationen und Hilfestellungen auf vielfache Weise multimedial bereitstellt, ermöglicht vielfache Chancen um Fertigkeiten für das selbstständige Lernen zu entwickeln (Vettiger et al., 1979, S. 173), solange es die durch die Lehrkräfte bereitgestellten Unterrichtsprozesse zulassen, solche Erfahrungen zu machen. Die durch die digitalen Medien neu entstandene Lernlandschaft motiviert Schüler*innen eigene Lernwege zu finden und zu beschreiten (vgl. Schaare, 1998, S. 55). Sie stellt ein Kennzeichen des offenen Unterrichts dar (vgl. Schaare, 1998, S. 17). Ohne die folgende Annahme anhand geeigneter Interviewzitate bestätigen zu können, ergab sich aus den Gesprächen mit den Schüler*innen der Eindruck, dass der durchgeführte Distanzunterricht solche, explizit die Autonomie der Kinder fördernde Unterrichtsprozesse, nicht einbezog. Vielmehr ergab sich das Bild, dass die Schüler*innen andere als die geforderten Methoden bzw. gestellten Medien verwendet haben, um ihr Lernen für sie persönlich effektiver zu gestalten, also „eigene kognitive Kräfte zur Lösung schulischer Aufgaben und Probleme" (Schaare, 1998, S. 13) herangezogen haben. Ausgehend von dieser Annahme, kann der Medieneinsatz sich als positiv auf die Schüler*innenautonomie auswirkend bewertet werden. Aufgrund des allgemeinen Handyverbotes an der Schule und des eingeschränkten Zugangs zu anderen als von den Lehrer*innen angebotenen Medien, wäre ein solches Verhalten in der Schule nur bedingt und ggf. in einem geringeren

Umfang aufgetreten, was dem Distanzunterricht als positive Eigenschaft zugeschrieben werden kann.

Die dritte Subkategorie *Planung des Lernens* untersucht die Art und Vorgehensweise bei der Planung, Strukturierung und Durchführung der gestellten Arbeitsanweisungen während des Distanzunterrichts zu Hause.

Laut ihren Aussagen plante Laura ihr Lernen nicht explizit, bzw. nahm dies nicht bewusst war. Bei der Vorgehensweise ließ sie sich von ihrem Stundenplan, genau wie vor dem Distanzunterricht, leiten. Sie bearbeitete die Aufgaben zuerst, die sie als erstes abgeben musste. Konnte sie noch Zeit erübrigen, begann sie mit Aufgaben, die für den darauffolgenden Tag anzufertigen waren. Auf die Frage, ob sie sich neue methodische Vorgehensweisen, wie einen Lernplan, aneignet oder Anpassungen im Distanzunterricht vorgenommen hätte, verneinte sie. Großen Wert legte Laura bei der Durchführung v.a. auf ruhiges und eigenständiges Arbeiten. Maik berichtete von Problemen bei der Strukturierung seines Lernens zu Hause. Weil ihm zu Hause niemand genaue Zeitvorgaben gegeben hat, wie es beispielsweise durch die Lehrer*innen in der Schule geschieht, hatte er Schwierigkeiten sich die Aufgaben einzuteilen. Obwohl er sie dennoch nach eigenem Ermessen eingeteilt hat, nahm aber an, dass sein schulisches Lernen durch die angesetzten Videokonferenzen und Abgabetermine für die Aufgaben und daher durch seine Lehrer*innen bestimmt wurde.

Michelle nutze eine Funktion der Lernplattform, die ihr die Abgabetermine für die Arbeitsaufträge zusammengefasst darstellte. Ihr Lernen hat sie, nach eigenen Angaben, nicht durch einen Lernplan strukturiert, sondern sich beim Vorgehen am Schwierigkeitsgrad der Aufgaben orientiert. Die einfachen Aufgaben erledigte sie zuerst und die schwierigeren hat sie zu einem späteren Zeitpunkt bearbeitet, v.a. wenn sie einen Wochenplan in Mathe bearbeiten musste. Vor den Videokonferenzen, oder wenn eine Überprüfung anstand, hat sich Michelle die wichtigsten Inhalte aus den Arbeitsaufträgen in einem LibreOffice-Dokument zusammengeschrieben. Diese Methode hat sich die Befragte während des Distanzunterrichts neu angeeignet und sie hat ihr geholfen ihr Lernen besser zu strukturieren. Sie sagte aus, dass ihre Eltern sie immer wieder daran erinnern mussten mit den Aufgaben zu Hause fortzufahren. Der vierte Schüler, Jan, hat sich seine Aufgaben auf verschiedene Tage aufgeteilt, je nachdem wie viel er in den jeweiligen Fächern zu erledigen hatte. Er hat zwar mit dem Fach begonnen, indem er die meisten Aufgaben zu bearbeiten hatte, hat diese aber auf mehrere Tage verteilt, sodass er ein breitgefächertes Spektrum an Aufgaben in verschiedenen Fachrichtungen bearbeiten konnte. Dies ermöglichte ihm, neben den Hauptfächern auch Nebenfächer in sein tägliches Lernen einzubringen.

Zusammenfassend zu der Subkategorie *Planung des Lernens* ist festzuhalten, dass die vier Befragten keine bewusste Strukturierung ihres Lernens in Form von Wochenplänen, Lernplänen, Lerntagebüchern o.ä. vorgenommen haben. Sie haben sich bei der Bearbeitung v.a. an den Videokonferenzen und den Abgabeterminen orientiert, die von den Lehrer*innen vorgegeben waren. Jede Schülerin und jeder Schüler hat sich bei der Strukturierung an anderen Kriterien orientiert. Laura orientierte sich an den Abgabeterminen; Maik sah sein Lernen v.a. durch die Videokonferenzen strukturiert; Michelle hat sich vom Schwierigkeitsgrad der Aufgaben leiten lassen und Jan hat sich an der Quantität der Aufgaben orientiert. Lediglich Maik empfand die Planung des Lernens im Distanzunterricht als problematisch, da er seinen geregelten Tagesablauf nicht hatte. Bei ihm scheint die nötige Methodenkompetenz zur Strukturierung seines Lernens noch nicht stark genug ausgebaut zu sein. Michelle hat sich während des Distanzunterrichts eine neue Methode angeeignet, die ihr bei der Strukturierung ihrer Lerninhalte, v.a. im Hinblick auf Überprüfungen hilft. Bezogen auf die Selbstständigkeit der Schüler*innen und dem Distanzunterricht zeigte sich, dass die Steuerung und Kontrolle selbstgesetzter Lernziele ein grundsätzliches Prinzip des selbstständigen, schüler*innenbezogenen Lernens und Lehrens ist (vgl. Schaare, 1998, S. 13f). Schüler*innen sollten anhand geeigneter Aufgabenstellungen unterschiedliche Methoden und Vorgehensweisen erproben und sich somit einen Bestand an Arbeitstechniken zulegen, um situativ die für sie geeignetste Variante auszuwählen (vgl. Vettiger et al., 1979, S. 15). Dies zeigt sich v.a. bei der Methodenaneignung von Michelle.

Obwohl alle befragten Schüler*innen aussagten, sich keinen Lernplan o.ä. für ihr Distanzlernen erstellt zu haben, haben sie ihr Lernen auf unterschiedliche Weise gegliedert. Inwieweit sich diese Strukturierung der eigenen Lernprozesse nun an äußeren Faktoren wie Abgabeterminen oder Schwierigkeitsgraden orientiert hat, ist unerheblich. Im Vergleich zum Präsenzunterricht haben die Schüler*innen keine Zeitangaben oder methodischen Instruktionen von den Lehrer*innen erhalten. Sie mussten ihre Abläufe zeitlich und systematisch selbst einteilen und waren dabei nicht an den 45-minütigen Stundentakt in der Schule gebunden. So konnten die Schüler*innen, unter Berücksichtigung ihrer eigenen Interessen und Bedürfnisse und hinsichtlich Arbeitsweisen und Materialien (vgl. Schaare, 1998, S. 17), ihr Lernen selber planen, ohne unter der ständigen Leitung der Lehrkraft zu stehen (vgl. Klafki, 2003, S. 24). Müllers (2016) Anliegen, die Schüler*innen in die Lage zu versetzen, Unterrichtsprozesse eigenverantwortlich zu steuern um sie zu selbstständigem Handeln zu bewegen (vgl. S. 12f) wird damit Rechnung getragen. Die verschiedenen Lern- und Arbeitstempi werden dabei berücksichtigt (vgl. Schaare, 1998, S. 55). Auch wenn sich Maik durch die Videokonferenzen und Abgabetermine von seinen Lehrer*innen heteronom bestimmt gefühlt hat, blieb ihm nichts anderes übrig, als den eigentlichen Arbeitsprozess dennoch selbst zu planen und durchzuführen. Da seine Methodenkompetenz unter Umständen in diesem Bereich noch einer Förderung bedarf, empfand er diese möglicherweise neue Erfahrung als unangenehm.

Die vierte Subkategorie *Lernort* untersucht die selbstständig be-stimmten Orte, die die Schüler*innen für ihr Lernen während des Dist-anzunterrichts gewählt haben.

Maik hat sich sein Kinderzimmer als seinen bevorzugten Lernort ausgesucht. Laura hat ebenfalls ihr Kinderzimmer als bevorzugten Lernort gewählt, da sie dort Ruhe vor ihren Eltern und ihren Geschwis-tern fand. Außerdem sagte sie, sie schätzte es, dort in ihrem Bett zu lernen. Michelle hat, genau wie Maik und Laura, in ihrem Kinderzimmer gearbeitet, empfand es zudem als angenehm in ihrem Bett zu lernen. Das Wohnzimmer hat sie gemieden, da dort ihr Vater gearbeitet hat. Jan besitzt zwei Zimmer. In einem davon sind seine Spielsachen untergebracht und in dem anderen steht sein Schreibtisch, sein Stuhl und sein Bett. Dort hat er überwiegend am Schreibtisch gearbeitet. Er hat sich aber während der Videokonferenzen auch in sein Bett zurückgezogen.

Zusammenfassend zu der Subkategorie *Lernort* ist festzuhalten, dass alle befragten Teilnehmer*innen über mindestens ein Kinderzimmer verfügten, in dem sie auch gearbeitet haben. Laura, Michelle und Jan haben darüber hinaus auch ihr Bett als alternativen Lernort genutzt, v.a. während der Videokonferenzen. Preissing et al. (1990) erklären, dass es v.a. die verbesserte finanzielle Situation der Eltern, im Vergleich zu vorherigen Generationen ist, die den heutigen Kindern mehr Handlungsspielräume und Entscheidungsbefugnisse ermöglichen (vgl. S. 12). Alle befragten Kinder sagten aus, dass sie in ihrem Kinderzimmer an ihren Schreibtischen oder im Bett gelernt haben. Jan sagte aus, dass er zwei Kinderzimmer besitze, zwischen denen er sich entscheiden könne. Jedem Kind ein eigenes, mit einem Schreibtisch und ggf. mit einem Computer ausgestatteten Kinderzimmer zu bieten, mag für viele als Selbstverständlichkeit angesehen werden, ist aber v.a. in sozial benachteiligten Familien, oder Familien mit großer Kinderzahl, nicht immer möglich (vgl. Rülcker, 1990a, S. 26). Den befragten Schüler*innen wird ein Rückzugsraum geboten, in dem sie sich ungestört ihrem schulischen Lernen hingeben können. Dieser Freiraum, indem die Schüler*innen auf sich alleine gestellt sind, Hilfe auf verschiedenem Wege in Anspruch nehmen können, wenn sie diese benötigen, oder den Ort vom Schreibtisch ins Bett wechseln, wenn es ihnen beliebt, ist laut Bast (2000) eine Gelegenheit, in der sich die Schüler*innen „autonom erproben und ihre Mündigkeit entwickeln [können], mit anderen Worten, lernen sich zu emanzipieren" (S. 92). Dass Kinder ihre Aufgaben in Ruhe abschließen und selbstständig ohne fremde Hilfe mit einem Material arbeiten können, ist ein Kennzeichen autonomiefördernden, offenen Unterrichts (vgl. Schiess, 1973, S. 65). Alle befragten Schüler*innen haben während des Distanzunterrichts den Rückzug in ihr Kinderzimmer gewählt, um, vermutlich unbewusst, ihre Selbstständigkeit zu erproben. Die Beugung eines Erwachsenenwillens das Kinderzimmer als Lernort zu wählen gab es nicht. Lediglich Laura und Michelle waren von äußeren Faktoren bei ihrer Lernortwahl mehr oder minder determiniert. Laura suchte ihr Zimmer auf, um ihren Eltern und Geschwistern aus dem Weg zu gehen; Michelle um nicht von der Arbeit ihres Vaters gestört zu werden.

4.1.2 Gemeinsames Lernen

Die erste Subkategorie *Lehrer*innenkontakt,* innerhalb der Hauptkategorie *Gemeinsames Lernen,* untersucht die Art der Kommunikation und die Unterstützung, die zwischen den befragten Schüler*innen und ihren Lehrer*innen während des Distanzunterricht stattgefunden hat.

Laura sagte aus, dass es ihr unangenehm war, Kontakt mit ihren Lehrer*innen aufzunehmen. Den einzigen Kontakt, den sie zu ihnen gehalten hat, war über die Videokonferenzen, die Lernplattform und über die Rückmeldungen, die sie darüber erhalten hat. Auch wenn Laura während des gesamten Distanzunterrichts etwa zehn Rückmeldungen über ihr Lernen erhalten hat, legte sie keinen Wert auf die Kommentare und Einschätzungen ihrer Lehrer*innen. Maik hat sich über die Lernplattform des Öfteren an seine Lehrer*innen gewandt, wenn er Hilfe bei der Bearbeitung seiner Aufgaben benötigte. Er sagte aus, dass er eine große Unterstützung von seinen Lehrer*innen erfahren habe, die sich zum einen durch schriftliche Hilfestellungen aber auch durch Feedbacks äußerte. Die Feedbacks konnte Maik nutzen, um seine Ergebnisse zu kontrollieren. Den Kontakt zu ihren Lehrer*innen hat Michelle größtenteils über E-Mails und die Videokonferenzen gehalten. Außerdem konnte sie sich auf der Lernplattform mit der Kommentarfunktion direkt an die Lehrer*innen richten und ihre Fragen und Anmerkungen äußern. Inwieweit Michelle Rückmeldungen von ihren Lehrer*innen erhalten hat, war fächergebunden. So hat sie in Englisch regelmäßig ein ausführliches individuelles Feedback zu ihren bearbeiteten Aufgaben erhalten. In Mathe hat sich die Rückmeldung auf die Besprechung der Aufgaben in den Videokonferenzen beschränkt und in Deutsch, so kritisierte Michelle, habe sie wenig Rückmeldung erhalten, obwohl sie dort Balladen analysieren und Texte schreiben musste. Jan hat bei Fragen bevorzugt das Internet zu Rate gezogen, da er davon ausging, dass seine Lehrer*innen seine Fragen nicht nachvollziehen können. Er berichtete, dass weniger als drei seiner Lehrer*innen individuelle Feedbacks über die Lernplattform zur Verfügung gestellt haben. Die übrigen Lehrer*innen haben entweder die Videokonferenzen für die Rückmeldungen genutzt, oder völlig darauf verzichtet. Bei negativen Rückmeldungen musste Jan die Aufgaben noch einmal bearbeiten, hat aber darauf kein erneutes Feedback erhalten. Er hätte sich gewünscht über die Videokonferenzen eine erneute Einschätzung zu erhalten. Insgesamt bewertete er die Videokonferenzen als nicht ausreichend. Er hätte sich in allen Fächern häufiger Videokonferenzen gewünscht.

Zusammenfassend zu der Subkategorie *Lehrer*innenkontakt* ist festzuhalten, dass die befragten Schüler*innen in unterschiedlicher Weise Hilfe ihrer Lehrer*innen in Anspruch genommen haben und, dass sie den Rückmeldungen dieser eine unterschiedliche Gewichtung zuschreiben. Laura hat keinen direkten Kontakt zu ihren Lehrer*innen aufgenommen, da es für sie unangenehm war den Kontakt zu ihren Mitmenschen zu suchen und sie es nicht als wichtig erachtet Rückmeldungen über ihr Lernen zu erhalten. Auch Jan suchte selten Hilfe bei seinen Lehrer*innen, da er davon ausging, dass er im Internet schneller zu seiner Lösung fände und seine Fragen kein Verständnis bei seinen Lehrer*innen hervorrufe. Auch wenn er zahlreiche Rückmeldungen von seinen Lehrer*innen auf unterschiedliche Weise erhalten hat, hätte er sich mehr Videokonferenzen für die Arbeit mit seinen Lehrer*innen gewünscht. Das Gefühl, seine Lehrer*innen können seine Fragen nicht nachvollziehen, weil er sich möglicherweise auf einem anderen kognitiven Niveau befand, oder sich bei der Lösung seiner Aufgabe für einen abweichenden Weg entschied, hat bereits Montessori bei der Autonomieförderung von Kindern kritisiert, so Becker-Textor (2003).

Demnach könnten viele Lehrer*innen den von den Schüler*innen gewählten Lösungsweg nicht nachvollziehen und versuchten die Kinder zu lenken, oder ihren Lösungsansatz vollständig zu unterdrücken (Becker-Textor, 2003). Maik hat, im Kontrast dazu, häufig den Kontakt zu seinen Lehrer*innen gesucht und schätzte das ausführliche Feedback dieser, genau wie Michelle, die über verschiedene Wege den Kontakt zu ihren Lehrer*innen gesucht hat. In einigen Fächern hätte sie sich jedoch mehr und ausführlichere Rückmeldungen gewünscht. Das gegenseitige Feedback zwischen Lehrer*innen und Schüler*innen ist ein wichtiger Aspekt in dem sich die Schüler*innenautonomie manifestiert (vgl. Esser, 2012, S. 71f). Eine etablierte Feedbackkultur hilft den Schüler*innen ihr Lernen kritisch zu hinterfragen und Entscheidungen im Hinblick auf ihr zukünftiges Lernen zu treffen (vgl. Schaare, 1998, S. 13f). Ein individuelles Feedback von den Lehrer*innen zu erhalten erscheint v.a. dann wichtig, wenn die Schüler*innen nicht den direkten Kontakt zu ihren Lehrer*innen aufbauen können, wie es im Distanzunterricht der Fall war. Inwieweit sich der Lehrer*innenkontakt auf die Schüler*innenselbständigkeit ausgewirkt hat, ist anhand dieser Subkategorie nicht eindeutig zu erschließen. Es ist jedoch festzuhalten, dass Maik und Michelle die Rückmeldungen ihrer Lehrer*innen als wichtig und gewinnbringend für ihr Lernen erachten. Michelle erhofft sich in der Zukunft von einigen ihrer Lehrer*innen mehr Feedbacks auf regulärer Basis. Mike scheint ohne die Anleitungen seiner Lehrer*innen Probleme zu haben, sich alleine zurechtzufinden. Laura erachtet den Lehrer*innenkontakt nicht als gewinnbringend. Sie muss noch stärker in die Feedback-Kultur miteinbezogen werden um zu erkennen, dass es sowohl für sie selbst als auch für ihre Lehrer*innen und somit für den gesamten Unterricht von Vorteil sein wird.

Die zweite Subkategorie *Schüler*innenkontakt* untersucht die Art der Kommunikation und die Unterstützung die zwischen den Befragten und ihren Mitschüler*innen während des Distanzunterricht stattgefunden hat.

Maik hat kaum den Kontakt zu seinen Mitschüler*innen gesucht, oder mit ihnen gemeinsam gelernt. In seltenen Fällen hat er sich über

WhatsApp ausgetauscht. Laura hat überwiegend ihre Freund*innen über Textnachrichten oder Videoanrufe auf WhatsApp kontaktiert. Sie schätzt es nicht, sich mit vielen Menschen auszutauschen. Auch Jan hat nur dann den Kontakt zu seinen Mitschüler*innen gesucht, wenn er nach herangezogener Internetrecherche keine Antwort auf seine Frage gefunden hat. Er empfindet das gemeinsame Lernen mit seinen Mitschüler*innen als beschwerlich, merkte aber auch an, dass seine Lehrer*innen keine Möglichkeiten des gemeinsamen Lernens bereitgestellt hätten. Die Möglichkeit der direkten Kontaktaufnahme zu seinen Mitschüler*innen während der Videokonferenzen über die Lernplattform, haben die Lehrer*innen, so Jan, ausgeschaltet. Michelle hat mit ihren Mitschüler*innen telefoniert, ihnen E-Mails geschrieben, oder sie über WhatsApp kontaktiert. Da sie aus dem vorherigen Schuljahr noch einen Account bei der Videokonferenzplattform Zoom hatte, nutzte sie diesen um eine eigene Videokonferenz mit ihren Klassenkamerad*innen zu starten. Die selbstständig organisierten Videokonferenzen nutzte Michelle um gemeinsam zu arbeiten, Fragen zu klären und sich auszutauschen. An den Videokonferenzen schätzte Michelle, dass sie in Echtzeit mit ihren Mitschüler*innen arbeiten konnte, ohne beispielsweise bei einem E-Mailverkehr auf Antworten warten zu müssen. Außerdem bieten Videokonferenzplattformen eine große Zahl an Tools, die das gemeinsame Arbeiten erleichtern.

Zusammenfassend zu der Subkategorie *Schüler*innenkontakt* ist festzuhalten, dass drei der vier befragten Schüler*innen es nicht schätzen, sich mit ihren Mitschüler*innen auszutauschen oder mit ihnen gemeinsam zu lernen. Maik und Jan tauschten sich kaum mit ihren Mitschüler*innen aus und wenn, dann nur über den Nachrichtendienst WhatsApp. Laura hat sich lediglich mit ihren Freund*innen ausgetauscht. Nur Michelle scheint das gemeinsame Arbeiten und den Austausch mit ihren Klassenkamerad*innen zu schätzen. Sie kommunizierte über Telefonate und Textnachrichten und hat selbsttätig eine Videokonferenz organisiert um gemeinsam mit ihren Klassenkamerad*innen zu lernen. Aufgrund der Flexibilitätsanforderungen einer sich immer dynamischer wandelnden Berufswelt, haben sich die

Anforderungen an die Schüler*innen geändert, die nach ihrer Schulkarriere in diese Dynamik eintreten sollen (vgl. Drieschner, 2007, S. 52). Laut Müller (2016) war es vor einem halben Jahrhundert v.a. noch ein detailliertes Fachwissen, das zu einem Job qualifiziert hat. Heute sind es u.a. Kompetenzen wie Kommunikationsbereitschaft, Kooperationsbereitschaft und Teamfähigkeit (vgl. S. 10f). Es kommt also darauf an, dass Berufseinsteiger während ihrer Schulzeit gelernt haben, „in Gruppen zu arbeiten, offen zu kommunizieren und zu diskutieren" (S. 13) um als autonomes Individuum am Arbeitsmarkt teilhaben zu können. Rülcker (1990b) schließt sich dieser Beobachtung an (vgl. S. 69). Demnach kann kommunikatives und kooperatives Handeln als wichtige Schlüsselqualifikation der Schüler*innenselbstständigkeit gelten (vgl. Ronneberger et al., 1980, S. 22). Die Schüler*innen aus der vorliegenden Studie zeigen kommunikative bzw. kooperative Kompetenzen in unterschiedlich starker Ausprägung. Auf die zwei Befragten Maik und Jan, die keinen Wert auf den kommunikativen Austausch mit ihren Mitschüler*innen legen, hatte der Distanzunterricht keinen nennenswerten Effekt auf die Entwicklung ihrer Sozialkompetenz und somit auf diesen Bereich ihrer Selbstständigkeit. Auch für Laura, die lediglich mit einer Freundin telefoniert hat, kann der Distanzunterricht als weniger gewinnbringend für ihre Autonomieentwicklung eingestuft werden. Die genannten Schüler*innen müssen im Hinblick auf die oben geschilderten Kompetenzen gefördert werden, damit ihnen das Arbeiten mit ihren Mitschüler*innen als gewinnbringend erscheint. Im Kontrast dazu steht Michelle, die das kommunikative und kooperative Lernen mit ihren Mitschüler*innen schätzt. Das Zurückgreifen auf bereits aus früheren Schuljahren vorhandene Ressourcen und die Initiative der Organisation ihrer eigenen Videokonferenz, zeigt ein sich auf ihre Autonomie positiv auswirkendes Verhalten (vgl. Vettiger et al., 1979, S. 15), da sie den Lernprozess eigenverantwortlich gesteuert hat (vgl. Müller, 2016, S. 12).

Die dritte Subkategorie *familiäre Unterstützung* untersucht die Unterstützung und Hilfsangebote, die die Befragten während des

Distanzunterrichts aus ihrem familiären Umfeld erfahren haben, zum Beispiel durch ältere Geschwister, Eltern und Großeltern.

Laura empfand Hilfsangebote, beispielsweise von ihrem Vater, als störend. Sie arbeitete lieber in Ruhe für sich alleine und schätzte es, wenn ihre Mutter ihre jüngeren Geschwister aus dem Haus mitnahm, sodass sie ungestört arbeiten konnte. Maik hat seine Aufgaben ebenfalls bevorzugt selbstständig bearbeitet. In seltenen Fällen hat er seine Mutter um Unterstützung gebeten, die ihm aber leider nicht weiterhelfen konnte. Auch Michelle bevorzugte es alleine zu lernen. Sie lernte nicht gerne mit ihren Eltern, weil sie fand, dass sie zu viele Fachbegriffe bei ihren Erklärungen verwendeten. Konsequenterweise, so reflektierte sie selbst, hat sie sich in solchen Situationen abgelenkt, da sie die Erklärungsversuche ihrer Eltern nicht verstanden hat. Dennoch war sie im Fach Mathe beispielsweise auf die Erklärungen ihres Vaters angewiesen, weil sie sonst nicht weitergekommen wäre. Ihre Mutter hat während des Distanzlernens darauf geachtet, dass Michelle ausreichend viele Pausen zwischen den Lernphasen machte. Ihre ältere Schwester hat sie nie um Hilfe gebeten, da sie durch ihre Kommentare ein Minderwertigkeitsgefühl ausbilde. Jan hat große Unterstützung von seiner Familie sowie von seiner Nachhilfelehrerin erfahren, auf die er angewiesen war. Besonders seine Mutter, die seine Fragen beantwortet, seine Aufgaben kontrolliert und ihn auf Überprüfen vorbereitet, sowie seine Tante, die mit ihm ein Plakat erstellt hat, haben ihn während dieser Zeit unterstützt. Er erkannte, dass er ohne deren Hilfe die Aufgaben nicht sorgfältig bearbeitet hätte und ging bei guten Leistungen, die aus Überprüfungen hervorgegangen sind davon aus, dass diesem dem Verdienst seiner Mutter zuzuschreiben wären. Seinen Vater hat er nicht um Hilfe gebeten, da er sich, erfahrungsgemäß, aus schulischen Angelegenheiten heraushält.

Zusammenfassend zu der Subkategorie *familiäre Unterstützung* ist festzuhalten, dass alle befragten Schüler*innen die Hilfe ihrer Familienmitglieder in unterschiedlichem Maße angenommen haben und diese in unterschiedlicher Weise schätzten. Laura empfand in Ruhe gelassen zu werden, als größte Unterstützung ihrer Familie. Maik hat seine

Aufgaben meist selbstständig erledigt, weil ihm die Hilfestellungen seiner Mutter nicht weitergeholfen haben. Auch Michelle, die besonders auf die Hilfe ihres Vaters angewiesen war, empfand elterliche Hilfe als eher kontraproduktiv, weil ihnen die Kompetenz fehle, sich in das kindliche Denken hineinzuversetzen. Auf einer emotionalen Ebene wirke sich die Unterstützung ihrer älteren Schwester negativ auf ihr Lernen aus. Jan schätzte die Hilfe seiner Familienmitglieder sehr und hat diese in Anspruch genommen. Gerade bei der Sorgfältigkeit erkennt er, dass er auf die Hilfe seiner Mutter angewiesen war. Auch wenn zwischen der mangelnden Handlungskompetenz der Schüler*innen und der Hilfe der Eltern ein vermeintliches Abhängigkeitsdilemma (vgl. Keller, 2015, S. 30) von Kind zu Elternteil besteht, müssen von Eltern gegebene Hilfestellungen und Ratschläge nicht automatisch im Widerspruch mit der Autonomie der Schüler*innen stehen. Zum einen, da die Schüler*innen ihren zuvor bereits angesprochenen Rückzugsort verlassen, um eigenständig die Hilfe der Erwachsenen zu suchen und somit selbstständiges Handeln zeigen (vgl. *Lernort*), zum anderen, da es sich bei den Ratschlägen der Eltern um „selbstständigkeitsfördernde Hilfestellungen und Beratung der Lernenden" (Stübig, 2003, S. 15) handeln kann, die sie dann bei der Lösungsfindung ihres Problems einsetzen können. Familiäre Unterstützung kann sich also positiv auf die Autonomie der Schüler*innen auswirken, solange sie den Grad des Beratens nicht verlässt. Im Fall von Jan, der sich auf die Hilfe seiner Mutter und seiner Tante verlässt, ist kritisch zu hinterfragen, inwieweit dort die Selbstständigkeitsförderung noch zutrifft.

Die vierte Subkategorie *Partizipation* untersucht die Möglichkeiten, die die Schüler*innen während des Distanzunterrichts erhalten haben, sich freiwillig zu den sie betreffenden schulischen Sachverhalten zu äußern und sich an deren Verbesserung und Weiterentwicklung zu beteiligen.

Laura sagte aus, dass sie eine solche Möglichkeit nicht wahrgenommen habe. Maik erklärte, dass er bei der Möglichkeit der Partizipation nicht zu einer Verbesserung beitragen hätte können, da er keine Wünsche oder Verbesserungsvorschläge habe. Michelle erklärte, dass sie in den Videokonferenzen ihre Meinung zu den bearbeiteten Aufgaben äußern konnte. Aus dem Interview ging hervor, dass sie damit das Vortragen ihrer Lösungen meinte. Außerdem konnte sich die Schüler*innen, so Michelle, in einer wöchentlichen Klassenrat-Stunde, die in Form einer Videokonferenz abgehalten wurde, zu Sachverhalten kritisch äußern bzw. beschweren. Dort kam zum Beispiel das Sozialverhalten zwischen manchen Schüler*innen zur Sprache. Jan fand, dass den Schüler*innen, betreffend der Partizipation an Unterrichtsabläufen, kein Gehör geschenkt worden war. Er stützte seine Annahme darauf, dass seine Lehrer*innen den Lehrplan als Argument für die Durchsetzung verschiedener Unterrichtsgegenstände anbringen würden.

Zusammenfassend zu der Subkategorie *Partizipation* ist festzuhalten, dass drei der vier Schüler*innen keine Möglichkeit der Partizipation wahrgenommen haben. Lediglich Michelle führte die Reflexion während der Videokonferenzen und den Klassenrat als Möglichkeiten der Partizipation an. Um den Schüler*innen die größte denkbare Chance zur Entwicklung ihrer personalen Autonomie zu ermöglichen, muss es ihnen gestattet sein, an ihrer eigenen Bildung bzw. Erziehung mitzuwirken. Dabei geht es nicht darum, die erzieherische Macht abzutreten, sondern wechselseitige Interessen anzuerkennen und somit eine reflexive Selbsterziehung der Schüler*innen zu ermöglichen (vgl. Drieschner, 2007, S. 50). Die Reflexion von Arbeitsprozessen muss gemeinsam mit den Schüler*innen erfolgen, indem sie in eine Metakommunikation eintreten und Argumente für oder gegen bestimmte Methoden oder Arbeitsweisen sammeln (vgl. Müller, 2016, S. 15). Es muss sich eine sogenannte Feedback-Kultur einstellen, die den Schüler*innen möglichst viele Mitbestimmungsmöglichkeiten hinsichtlich der Intention, Inhalte und Arbeitsweisen geben, ohne die Verantwortung der Lehrer*innen zu opfern (vgl. Schaare, 1998, S. 17; Esser, 2012, S. 73). Dies verdeutlicht noch einmal die Bedeutung der Partizipation der Schüler*innen an der Auswahl der Unterrichtsprozesse. Im Hinblick auf den Distanzunterricht ist festzuhalten, dass sich eine solche, die Schüler*innen einbeziehende Feedback-Kultur, nicht eingestellt hat. Der Klassenrat, indem die Schüler*innen in der Schule gemeinsam mit ihren Klassenlehrer*innen persönlich die Klasse angehende Belange diskutieren und klären können, wurde im Distanzunterricht fortgeführt und scheint die einzige Art der Partizipation gewesen zu sein. Über eine gemeinsame Reflexion des Fachunterrichts konnte sie nicht berichten. Jan empfand sogar, dass ihm während des Distanzunterrichts keine Möglichkeiten der Partizipation eingeräumt wurde und, dass seine Lehrer*innen sich nicht für seine Vorschläge interessieren würden. Ein Distanzunterricht, der die Schüler*innen nicht in Entscheidungsprozesse einbezieht, kann aus Sicht der Autonomieförderung als unwirksam betrachtet werden. Insgesamt scheint den Schüler*innen im Distanzunterricht die Möglichkeit der Partizipation größtenteils verwehrt geblieben zu sein.

4.1.3 Wahrnehmung von Autonomie

Die erste Subkategorie *Kriterien der Autonomie,* innerhalb der Hauptkategorie *Wahrnehmung von Autonomie,* untersucht die Charaktereigenschaften, die die befragten Schüler*innen nach ihrem Ermessen einer autonomen Person zusprechen. Diese Bedingungen müssen Personen also erfüllen, um als autonom zu gelten. Laura bezog ihre Kriterien besonders auf die Selbstständigkeit im Hinblick auf schulische Belange. So erachtete sie das eigenständige Anfertigen, Abgeben und Verbessern von Hausaufgaben, das Vorarbeiten für und das pünktliche Erscheinen bei Videokonferenzen, sowie das eigenständige Packen und Kontrollieren der Schultasche als wichtige Kriterien der Selbstständigkeit. Auch Michelle schloss sich Lauras schulischem Aspekt an. Sie findet, dass eine autonome Person an ihre Aufgaben denken sollte, ohne andere zu fragen und es scheint als empfände sie das Hilfesuchen bei Mitschüler*innen als eine Handlung gegen ihr Verständnis von Autonomie. Autonom ist eine Person nur dann, so Michelle, wenn sie für sich ist und sich nicht auf andere bezieht.

Maik und Jan sahen ihre Konzepte von Autonomie globaler, als ihre beiden weiblichen Mitschülerinnen. Für Maik ist eine Person dann autonom, wenn sie sich selbst Ziele setzt und diese verfolgt, was er als eine wichtige Kompetenz erachtet, denn man könne nicht sein ganzes Leben bei den Eltern verbringen und man müsse das eigene Leben selbst planen, zum Beispiel im Hinblick auf die Berufswahl. Jan sagte aus, dass Selbstständigkeit nicht pauschal beschreibbar sei, sondern immer im Zusammenhang, also bezogen auf eine Handlung, gesehen werden muss. Seine Annahme lässt sich bei den anderen befragten Schüler*innen wiederfinden. Sie haben die Autonomie anhand bestimmter Kriterien ihres Lebens beschrieben und nehmen Autonomie immer im Hinblick auf eine Tätigkeit war.

Zusammenfassend zu der Subkategorie *Kriterien der Autonomie* ist festzuhalten, dass die befragten Schüler*innen ihre Autonomiekriterien anhand von Handlungen ihres täglichen Lebens aber auch an Werten wie Gewissenhaftigkeit und Pünktlichkeit festmachen. Nach sorgfältiger Prüfung des Materials scheint Michelle davon auszugehen, dass eine autonome Person sich nicht auf andere beziehen, sondern ihre Lebensplanung selbst in die Hand nehmen sollte. Die Aussagen von Maik decken sich mit dieser Annahme.

Klafki (2003) sagt, dass eine Person dann als autonom gilt, wenn sie über ihre persönlichen Angelegenheiten, menschlichen Beziehungen und Überzeugungen aufgrund eigener Urteile entscheidet (vgl. S. 19). Dieser Annahme entsprechen die Aussagen von Maik, der eine Person dann als autonom betrachtet, wenn sie selbst gesetzte Ziele verfolgt. Er erachtet Autonomie als wichtige Kompetenz, die sich beispielsweise in der Berufswahl wiederspiegelt. Hier entspricht Maik der Definitition von Klafki (vgl. 2003, S. 19). Inwieweit die vermeintlich eigenen Entscheidungen konventionell determiniert sind, ist weiter zu diskutieren (vgl. Bast, 2000, S. 112f). Die anderen befragten Schüler*innen sehen die Kriterien der Autonomie in der praktischen Erledigung von alltäglichen Dingen wie z.B. das eigenständige Erledigen von Hausaufgaben oder das Packen der Schultasche. Nach Rülcker (1990b) orientieren sie sich hierbei primär am elterlichen Verständnis von Autonomie. Er schreibt, dass sich die elterliche Wahrnehmung der Autonomie v.a. in praktischen Dingen wiederfindet, wie es beispielsweise auf die Übertragung täglich anfallender Pflichten auf die Schüler*innen (vgl. S. 21f). Dies wird bei der darauffolgenden Subkategorie *Reflexion der eigenen Autonomie* nocheinmal deutlicher hervorgehoben. Bereits hier zeigt sich deutlich, dass die Schüler*innen jeweils ein klares Konzept über Autonomie besitzten.

Die zweite Subkategorie *Reflexion der eigenen Autonomie* untersucht, wie die befragten Schüler*innen ihre eigene Selbstständigkeit wahrnehmen, in welchen Bereichen ihres täglichen Lebens sich dies widerspiegelt und mit welchen Personen sie über ihre Selbstständigkeit sprechen.

Mit dem Argument, sie vergesse viele Sachen direkt wieder, hielt sich Laura für unselbstständig. Sie machte diese Erkenntnis v.a. an vergessenen Hausaufgaben fest, was nicht verwunderlich war, da das zuverlässige Anfertigen von Hausaufgaben ein Hauptkriterium ihrer Autonomiewahrnehmung war (vgl. *Kriterien der Autonomie*). Sie erklärte, dass sie ihre Aufgaben aber selbstständig anfertige, sollte es ihr wieder einfallen, was aber in den seltensten Fällen einträte. Außerdem schilderte sie, dass sie während des Distanzunterrichts aus Mangel an Beschäftigungsaufgaben selbstständig angefangen hat, ihr Zimmer regelmäßig aufzuräumen, was sie vor dem Lockdown nie getan hat. Hier machte Laura ihre Autonomie anhand einer alltäglichen Handlung fest, die eine Verhaltensänderung und -entwicklung während des Distanzunterricht zeigt. Diese Äußerung erwiesen sich als interessant, da Laura in Bezug auf ihre täglich investierte Lernzeit ausgesagt hatte, sie sei den ganzen Tag mit schulischem Lernen beschäftigt gewesen (vgl. *Lernzeit*). Laura spricht nicht explizit mit ihren Eltern über ihre Selbstständigkeit. Sie erklärte aber, dass sie Themen wie die eigenständige Handynutzung, die Uhrzeit des abendlichen Schlafengehens und des nach Hause Kommens nach Freizeitaktivitäten diskutiere und aushandle. Maik konnte seine eigene Selbstständigkeit nicht einschätzen. Eine Möglichkeit, wie er selbstständiger werden könne, fiel im nicht ein. Dadurch, dass er im Distanzunterricht nicht seinen geregelten Tagesablauf hatte und nicht wusste, wie er bei der Bearbeitung der Aufgaben vorgehen solle, scheint er sich selbst als eher heteronom bestimmte Person wahrzunehmen. Dennoch hat er während des gesamten

Distanzlernens alle Aufgaben selbstständig erledigt und zeigte damit Tendenzen zur Autonomie. Auch Maik sprach nicht mit Gleichaltrigen oder Erwachsenen über seine Selbstständigkeit. Michelle hielt sich selber für nicht sehr selbstständig. Das macht sie v.a. daran fest, dass ihre Eltern sie oft erinnern mussten ihre Aufgaben zu bearbeiten und für Überprüfungen zu lernen. Außerdem war sie auf die Erinnerungen auf der Lernplattform angewiesen. Michelle konnte sich vorstellen noch selbstständiger im Hinblick auf soziale Medien zu werden. Sie nahm an, sie habe eine Sucht entwickelt und arbeite gemeinsam mit ihren Eltern an einer Lösung zum verantwortungsvollen Umgang damit. Wie bereits angesprochen wurde, bezog Jan seine Wahrnehmung von Autonomie auf verschiedene Bereiche seines Lebens. Im schulischen Kontext erachtet er sich v.a. in seinen starken Fächern für selbstständig. Dort bearbeitet er die Aufgaben eigenständig, schnell und sorgfältig und ist nicht auf fremde Hilfe angewiesen. Wenn er während des Präsenzunterrichts mit seinen Aufgaben fertig war, half er seinen schwächeren Mitschüler*innen weiter. Auf die Hilfe von seinen Mitschüler*innen oder Lehrer*innen war er hingegen in anderen Fächern angewiesen. Dort erachtete er sich als eher unselbstständig. Seine Eltern sind beide berufstätig. Er sagte, er sei durch das Arbeiten zu Hause selbstständiger geworden, da er vor dem Lockdown seine Hausaufgaben mit seinen Eltern gemeinsam bearbeitet hat und nun auf deren Hilfe nicht mehr angewiesen sei. Sie kontrollierten lediglich die erledigten Aufgaben, wenn sie von der Arbeit kamen. Auf die Unterstützung seiner Mutter, beispielsweise um für Überprüfungen zu lernen, war Jan dennoch weiterhin im Distanzunterricht angewiesen. Bezogen auf seinen familiären Alltag schätzte sich Jan als ebenfalls sehr selbstständig ein. Er räumt sein Zimmer an den Wochenenden auf, bringt den Müll raus, räumt die Spülmaschine aus und plant Freizeitaktivitäten mit seinen Freunden selbstständig. Über seine Selbstständigkeit hat Jan sehr häufig mit seiner Mutter gesprochen. Sie möchte, dass er sich unaufgefordert an seine Hausaufgaben setzt, und zwar unmittelbar nach der Schule.

Zusammenfassend zu der Subkategorie *Reflexion der eigenen Autonomie* ist festzuhalten, dass sich drei der vier befragten Schüler*innen nicht als selbstständig halten. Laura machte dies v.a. an ihrer Vergesslichkeit im Hinblick auf Hausaufgaben fest. Maik sah sich als unselbstständig, da er bei der selbstständigen Planung seines Tagesablaufes überfordert zu sein schien und Michelle, da sie über die Lernplattform und von ihren Eltern oft daran erinnert werden musste, ihre Aufgaben zu bearbeiten. Laura, Maik und Michelle sprachen nicht mit Gleichaltrigen oder Erwachsenen über ihre Selbstständigkeit. Laura handelte jedoch beispielsweise die Zeit der Handynutzung oder das Zubettgehen aus und Michelle sucht gemeinsam mit ihren Eltern nach Lösungen für einen verantwortungsvollen Umgang mit sozialen Medien, beispielsweise durch die Anpassung ihrer Internetzeiten. Hier zeigt sie autonomes Handeln. Dem gegenübergestellt ist Jan, der sich sowohl im schulischen als auch im familiären Kontext insgesamt als sehr selbstständig erachtete. In der Schule fertigte er seine Aufgaben gewissenhaft, schnell und eigenständig an, v.a. in den Fächern, die ihn interessierten. Zu Hause war er in vielen Bereichen auf sich alleine gestellt, da seine Eltern beide berufstätig sind. Hier schloss er auf eine positive Einwirkung des Distanzunterrichts v.a. im Hinblick auf eigenständiges Lernen. Dennoch ist Jan auf elterliche Unterstützung angewiesen.

Wie bereits in der vorausgegangenen Subkategorie *Kriterien der Autonomie* beschrieben, machten viele der Befragten ihre Autonomie an täglichen Handlungen fest, die primär dem Ideal der elterlich wahrgenommenen Autonomie entsprechen, wie zum Beispiel das Zimmeraufräumen, das Müllrausbringen oder das Spülmaschineausräumen (vgl. Rülcker, 1990b, S. 21f). Außerdem orientierten sich die befragten Schüler*innen bei ihrer Vorstellung von Autonomie v.a. an schulischen Belangen, was ebenfalls unter dem Einfluss der Eltern steht, so Montandon (vgl. 2000, in Nordström, 2009, S. 99f). Laura empfand beispielsweise das Vergessen von Hausaufgaben als ein Kriterium, dass sie unselbstständig macht. Maik sah seine Überforderung bei der Planung seines Tagesablaufes als Widerspruch zu seiner Wahrnehmung von Autonomie. Michelle und Jan empfanden sich besonders in Situationen unselbstständig, in denen sie auf die Hilfe und Unterstützung von ihren Eltern oder Mitschüler*innen angewiesen waren. Die Inanspruchnahme von Hilfe muss aber keinesfalls im Widerspruch zur Schüler*innenautonomie, gar zu dessen Förderung stehen (vgl. *familiäre Unterstützung*). Die Unterstützung von Mitschüler*innen, Lehrer*innen oder Eltern kann helfen, die Hilfesuchenden zu selbstständigen Handlungen zu führen (vgl. Becker-Textor, 2003; Müller, 2016, S. 15). Vor allem Jan zog positive Schlüsse aus seiner Zeit im Distanzunterricht. Er fand, dass er, bezogen auf schulisches Lernen, selbstständiger geworden war. Michelle empfand, dass sie im Hinblick auf den Umgang mit sozialen Netzwerken nicht selbstständig war. Sie nahm an, dass sie durch den zugenommenen Kontakt mit digitalen Medien während des Distanzlernens eine Sucht aufgebaut habe, die sie nun heteronom bestimmt. Nach der Autonomietheorie nach Harry Frankfurt gilt Michelle keineswegs als heteronom, sondern als autonom. Dadurch, dass sie ihren Wunsch erster Ordnung, Zeit auf sozialen Netzwerken zu verbringen, durch ihren Wunsch zweiter Ordnung, nicht von ihnen süchtig sein zu wollen, reflektiert und eine Anpassung der Internetzeiten gemeinsam mit ihren Eltern beschlossen hat, gilt sie als autonom (vgl. Zoglauer, 2010, S. 16f; Taylor, 2017).

Die Kommunikation zwischen Erzieher*in und Kind ist, wie sich gezeigt hat, eine wichtige Eigenschaft der Autonomieförderung (vgl. Drieschner, 2007, S. 50). Maik gab an, genau wie Laura und Michelle, nicht über seine Selbstständigkeit zu kommunizieren. Laura und Michelle zeigten jedoch, dass sie in Bezug auf die eigenverantwortliche Handy- und Internetnutzung mit ihren Eltern gemeinsam sprechen. Jan empfand die Forderungen seiner Mutter, selbstständiger in Bezug auf die Bearbeitung seiner Hausaufgaben zu werden, als Kommunikation über Selbstständigkeit, meinte damit aber nicht die angenommene wechselseitige Anerkennung von erzieherischen Bedürfnissen (vgl. Drieschner, 2007, S. 50).

4.1.4 Reflexion über das Distanzlernen

Die erste Subkategorie *Auswirkung auf Leistungen,* innerhalb der Hauptkategorie *Reflexion über das Distanzlernen,* untersucht die eigene Wahrnehmung der Auswirkungen, die der Distanzunterricht auf die Noten der befragten Schüler*innen hat.

Laura ging davon aus, dass sich ihre Leistungen während des Distanzlernens insgesamt verschlechtert haben. Sie machte ihr morgendliches Ausschlafen maßgeblich dafür verantwortlich. Da sie aber bessere Noten benötigt, um auf das Gymnasium zu wechseln, von dem sie nach der 5. Klassenstufe gekommen war, hatte sie sich vorgenommen, sich zumindest in den Hauptfächern zu verbessern, insbesondere in ihrer mündlichen Mitarbeit. Maik empfand ebenfalls, dass sich seine Leistungen im Vergleich zum Präsenzunterricht vor dem Lockdown verschlechtert haben. Er sah den Verlust seines geregelten Tagesablaufs als Grund dafür. Obwohl sich Michelle durch die Nutzung eines Übersetzungsprogramms im Fach Englisch verbessert hat, empfand sie dies nicht als eine positive Entwicklung, da sie selbstreflektierend erkannte, dass sie die Aufgaben nicht aus eigener Kraft erledigt, sondern die Lösung aus dem Internet kopiert hat. Insgesamt schätzte sie ihre Leistungen schlechter als vor dem Lockdown ein, da sie den Zugang zu sozialen Medien nun mehr nutze und schulische Interessen in den Hintergrund getreten seien. Jan empfand, dass sich seine Noten nach eineinhalb Jahren Wechsel- und Distanzunterricht sehr verschlechtert haben. Er gab an, dass er in der Grundschule ein guter Schüler gewesen sei, er sich aber mittlerweile als faulen Menschen bezeichnet, der seine Prioritäten auf Aktivitäten wie Sporttreiben oder Freunde treffen legt.

Zusammenfassend zu der Subkategorie *Auswirkung auf Leistungen* ist festzuhalten, dass sich alle befragen Schüler*innen durch den Distanzunterricht verschlechtert haben. Zum einen gaben sie an, dass dies an der mangelnden Strukturierung ihres Tagesablaufes läge, zum anderen, weil andere Interessen, wie z.B. soziale Medien oder private Aktivitäten in den Vordergrund gerückt seien. Michelle empfand die Nutzung des Internets in manchen Bereichen ihres schulischen Lernens als hilfreich, erkannte aber auch, dass es sich beim Abschreiben aus dem Internet nicht um ihre eigene Leistung handelt. Dadurch, dass die Schüler*innen ihre eigenen Lernprozesse kritisch hinterfragt und reflektiert haben, zeigen sie, nach Adorno, ein wichtiges Charakeristikum der Autonomie (vgl. Rössler, 2017, S. 383). Auch die anderen drei befragten Schüler*innen reflektierten in einem mehr oder minder ausgeprägten Rahmen begründete Auswirkungen des Distanzunterrichts auf ihre Leistungen. Unabhängig von der Ursache, geht aus den Angaben der Schüler*innen hervor, dass sich ihre schulischen Leistungen während des Distanzunterrichts verschlechtert haben. Dies muss nicht zwangläufig mit der fehlenden Kompetenz im Umgang mit der neuen Lernsituation im Distanzunterricht zusammenhängen. Die Schule hat, so Schaare (1998), „ökonomische und soziale Veränderungen zu berücksichtigen, da zunehmend Aufgaben auf das Individuum verlagert werden" (vgl. S. 9). Dies beeinhaltet, gerade im Distanzunterricht, nicht nur die Anpassung des Unterrichtens, sondern auch die Art der Leistungsmessung. Asynchron veranstalteter Distanzunterricht muss auch kompetenzschwachen Schüler*innen die Möglichkeit zu guten Leistungen ermöglichen. Dies muss neben einem kompetenzorietierten Unterricht auch durch die Anpassung der Leistungsbewertung ermöglicht werden, auch wenn Leistung und Autononmie grundsätzlich zwei sich gegenüberstehende Konzepte zu sein scheinen. Während „Leistung immer dadurch entsteht, dass etwas von außen bewertet wird, […] ist Autonomie im wesentlichen […] ein Sachverhalt, den sich das Subjekt selbst bemisst" (Esser, 2012, S. 74f). Autonomie, so führt Esser (2012) fort, ist die Voraussetzung für Leistung, denn Schüler*innen werden „nicht gebildet, sondern bilden sich immer nur selbst" (S. 74f). Demnach können gute Leistungen nur durch eine gut ausgebildete Autonomie erzielt werden und stehen daher unmittelbar im Zusammenhang.

Die zweite Subkategorie *Perzeption über das Distanzlernen* untersucht, wie die Schüler*innen den Distanzunterricht subjektiv wahrgenommen haben. Dabei geht es v.a. um Vor- und Nachteile des Distanzlernens, sowie die Konsequenzen, die sie daraus für ihr zukünftiges schulisches Lernen ziehen. Auch wenn sich ihre Leistungen verschlechtert haben, hat Laura den schulischen Präsenzunterricht nicht vermisst. Am Distanzlernen schätzte sie, dass sie länger schlafen und mehr Zeit mit ihren Freundinnen verbringen konnte. Wider Erwarten haben ihr die Sozialkontakte aus der Schule nicht gefehlt, denn sie mag es nicht mit vielen Menschen zusammen zu sein. Dennoch beklagte sich Laura über fehlende Beschäftigungsmöglichkeiten und Langeweile während des Lockdowns, obwohl sie an anderer Stelle aussagte, das Lernen zu Hause hätte ihren ganzen Tag gefüllt (vgl. *Lernzeit*). Maik empfand den Präsenzunterricht in der Schule als besser, weil er zu Hause oft antriebslos und gelangweilt war. Er hatte viele Probleme und empfand es als stressig seinen Tagesablauf zu koordinieren. Vor allem der psychische Druck auf Videokonferenzen zu warten, zwischen ihnen zu wechseln und dazwischen Phasen eigenständigen Lernens einzuplanen, ließen den schulischen Präsenzunterricht als attraktivere Variante erscheinen. Michelle empfand die Zeit zu Hause als angenehm, insbesondere, weil sie sich ihre Pausen selbst einteilen konnte und essen konnte wann sie wollte. Außerdem hatte sie uneingeschränkten Zugang zu sozialen Netzwerken, was sie anfangs als angenehm empfand. Dennoch bevorzugt Michelle den Präsenzunterricht in der Schule. Zum einen, da sie ihre Freunde täglich sehen und den direkten und unkomplizierten Kontakt zu ihren Lehrer*innen suchen kann. Außerdem hat die Quantität der zu bearbeitenden Aufgaben im Distanzunterricht zugenommen, weil ihre Lehrer*innen den Arbeitsaufwand nicht richtig abschätzen konnten und beispielsweise in Mathematik umfangreiche Wochenpläne aufgegeben haben. Ihr Lernverhalten hat sich auf den nach dem Lockdown wieder stattfindenden Präsenzunterricht ausgewirkt. Sie hatte Probleme ihre Aufgaben zeitnah zu erledigen, erledigte sie manchmal erst unmittelbar vor dem Unterricht im offenen Anfang. Eine dauerhafte Distanzbeschulung könnte sich Michelle mit voranschreitender Digitalisierung vorstellen. Sie würde einen Präsenzunterricht aber definitiv bevorzugen. Jan hat die Schule nicht vermisst, hat sich aber in manchen Situationen gewünscht, seine Lehrer*innen direkt fragen zu können. Für ihn bot der Wechselunterricht eine gute Alternative die Vorteile des

Präsenzunterrichts und des Distanzunterrichts zu kombinieren. Die Schüler*innen würden nach seiner Auffassung dann weniger Stress in der Schule haben, weil sie keine Aufgaben für den darauffolgenden Tag erledigen müssten und ihnen an den „freien" Tagen ausreichend Zeit zur Verfügung stände, diese zu bearbeiten und Fragen am darauffolgenden Tag persönlich zu stellen.

Zusammenfassend zu der Subkategorie *Perzeption über das Distanzlernen* ist festzuhalten, dass zwei der vier befragten Schüler*innen einen Präsenzunterricht bevorzugen, weil ihnen die strukturierten Tagesabläufe und die Sozialkontakte in der Schule gefehlt haben. Gerade Maik scheint der Distanzunterricht auf der emotionalen Ebene große Probleme bereitet zu haben. Er fühlte sich ständig müde, antriebslos und gelangweilt. Jan sah Vorteile sowohl im Distanzunterricht als auch im Präsenzunterricht und würde die daraus resultierende Mischvariante des Wechselunterrichts bevorzugen, hat aber den Präsenzunterricht, bis auf den Kontakt zu seinen Lehrer*innen, nicht vermisst. Laura bevorzugte den Distanzunterricht, da sie das gemeinsame Lernen im Präsenzunterricht nicht schätze und durch den Distanzunterricht mehr Freizeit gewonnen habe.

Die dritte Subkategorie *Erwartungen an die Schule* untersucht welche Erwartungen die Schüler*innen an ihre Lehrer*innen stellen, um ihre Kompetenzen zu fördern.

Laura ging davon aus, dass ihre Lehrer*innen sie durch Reduktion der Aufgabenmenge unterstützen könnten. Bei wenigen gezielt aufgegebenen Aufgaben könne sie sorgfältiger und konzentrierter arbeiten, weil sie keinen Zeitdruck verspüre. Maik empfand es als wichtig, Rückmeldungen zu seinen Aufgaben zu erhalten, da man aus Fehlern lerne, so er. Michelle erwartet, dass ihre Lehrer*innen sie offensiv auf ihr Lernen ansprechen, ihr Hilfestellungen geben und sie fragen, wie sie mit den Aufgaben zurechtkommt. Das empfindet sie gerade für introvertierte Schüler*innen wichtig, die sich nicht trauten sich in der Videokonferenz zu Wort zu melden. Die Aufgabe sie zur Selbstständigkeit zu verhelfen, sieht Michelle nicht bei ihren Lehrer*innen. Sie denkt, dass sie für diese Kompetenzentwicklung selbst verantwortlich sei. Jan findet, dass seine Lehrer*innen individuell auf jede Schülerin und jeden Schüler eingehen sollten. Die Lehrer*innen sollten als Unterstützer*innen durch die Klasse gehen und sie bei ihrem Lernen unterstützen, indem sie Fragen stellen oder beratend tätig werden und nicht an ihrem Platz sitzen und auf das Ende der Stunde hoffen, so Jan.

Zusammenfassend zu der Subkategorie *Erwartungen an die Schule* ist festzuhalten, dass drei der vier befragten Schüler*innen Wert auf individuelle Beratung, Unterstützung und Rückmeldung legen. Insbesondere Michelle und Jan schätzten das Tätigwerden ihrer Lehrer*innen als Organisator*innen, Berater*innen und Helfer*innen. Dies sind Rollen, die Lehrkräfte in einem autonomiefördernden, schüler*innenzentrierten Unterricht übernehmen (vgl. Vettiger et al., 1979, S. 15; Klafki, 2003, S. 24). Trotz der Forderung, ihre Lehrer*innen sollten sie als Mentor*innen unterstützen, ging Michelle davon aus, dass die Autonomieförderung der Schüler*innen nicht zu ihrem Aufgabenbereich gehöre. Mit der Annahme, sie müsse sich ihre Selbstständigkeit eigenständig aneignen, liegt Michelle nicht gänzlich falsch, dennoch müssen ihre Lehrer*innen ihnen dabei helfen und sie motivieren, sich Erkenntnisse und Fertigkeiten selbsttätig anzueignen und somit ihre Autonomie fördern (vgl. Klafki, 2003, S. 22). Dass ihre Lehrer*innen ihre Selbstständigkeit fördern sollen, dazu äußerte sich niemand der Befragten. Bezugnehmend auf die von Cléopâtre Montandon durchgeführte Studie mit der Schlussfolgerung, dass bereits elf- und zwölfjährige Kinder genaue Vorstellungen über die Erwartungen an ihre Erziehung haben und davon ausgehen, dass ihre Eltern und Lehrer*innen ihre Autonomie zu fördern hätten (vgl. Nordström, 2009, S. 99f), kann in diesem Rahmen keine Übereinstimmung festgestellt werden. Dennoch ist tendenzielle festzuhalten, dass die Schüler*innen von ihren Lehrer*innen eine unterstützende Rolle erwarten und von ihnen keine Faktenpräsentation wünschen.

4.2 Zusammenfassung der Ergebnisse

Insgesamt hat sich der Distanzunterricht unterschiedlich stark auf die Autonomie der Schüler*innen ausgewirkt. Bezogen auf das Zeitmanagement ergeben sich Chancen selbstgesteuerten Lernens. Die Schüler*innen sind nicht mehr an den 45-minütigen Stundenrhythmus in der Schule gebunden, können in ihrem eigenen Tempo arbeiten und stehen weniger unter Zeitdruck. Wie sich zeigte, ist die Zeitmanagement-Kompetenz ein wichtiger Schlüsselbaustein für die Autonomie der Schüler*innen. Zwei der befragten Schüler*innen haben im Distanzunterricht etwa den gleichen zeitlichen Aufwand gehabt, wie im Präsenzunterricht. Sie konnten während des Distanzunterrichts ihre Organisations-Kompetenz zur effektiven Zeitplanung nutzen. Die anderen beiden Befragten schienen erheblichen Mehraufwand gehabt zu haben. Sie müssen im Hinblick auf ihr Zeitmanagement weiterhin, auch im Präsenzunterricht, kompetenzorientiert gefördert werden. Dies können Lehrer*innen durch offenen Unterricht praktizieren (vgl. 2.2.1). In Bezug auf den Medieneinsatz zeigten alle Schüler*innen zur Informationsbeschaffung, Organisation ihres Lernens und zur Kontaktaufnahme mit ihren Lehrer*innen und Schüler*innen ein großes Medien-Repertoire. Sie bedienten sich der Ressourcenlandschaft um ihr Lernen effektiver zu gestalten und eigene Lösungswege zu erstellen. Eine solche Chance der eigenständigen Informationsbeschaffung lässt sich im Präsenzunterricht aufgrund des eingeschränkten Medienzugangs an der Schule, beispielsweise aufgrund des allgemeinen Handyverbotes, nicht ohne Weiteres verwirklichen. Hier zeigte sich eine Chance des Distanzlernens für die Autonomieförderung der Schüler*innen, insbesondere im Hinblick auf die digitale Informationsbeschaffung. Die Strukturierung der eigenen Lernprozesse stellt, wie auch die eigenständige Informationsbeschaffung, wichtige Aspekte autonomiefördernden, offenen Unterrichts dar. Auch wenn die Schüler*innen nicht auf Lernpläne oder -tagebücher zurückgegriffen haben, haben sie gezeigt, dass sie ihr Lernen anhand eigens ausgewählter Kriterien organisieren können. Dies hat im Distanzunterricht v.a. dadurch an Bedeutung gewonnen, da die

Schüler*innen ohne die ständige Leitung einer Lehrkraft ihre Aufgaben methodisch aufbereiten und bearbeiten mussten. Hinzu kommt, dass sie sich bei der Planung an ihrem individuellen Lerntempo orientieren konnten und sich nicht durch andere Schüler*innen unter Zeitdruck gesetzt fühlten. Auch unter diesem Aspekt kann der Distanzunterricht als gewinnbringend für die Schüler*innenautonomie gelten, auch wenn einer der befragten Schüler*innen Probleme mit der Einteilung der Aufgaben hatte, weil er wohlmöglich aus vorangegangenem Präsenzunterricht an lehrerzentriertes, bzw. lehrergesteuertes Arbeiten gewöhnt war.

Als Lernort haben sich alle Schüler*innen ihr Kinderzimmer ausgewählt, welches ihnen als Rückzugsort diente, da sie dort ihrem schulischen Lernen ungestört nachgehen konnten. Der Rückzug in ihre Kinderzimmer kann als Freiraum angesehen werden, in welchem die Schüler*innen auf sich alleine gestellt waren, jedoch die Möglichkeit hatten, Hilfe auf verschiedene Wege in Anspruch zu nehmen, sei es über die Lernplattform, das Internet oder ggf. die Eltern.

Haben die Schüler*innen ausreichend gute Kompetenzen im Umgang mit selbstgesteuerten Lernprozessen entwickelt, ist dies eine Möglichkeit selbige zu erproben. Schüler*innen denen es an den notwenigen Methodenkompetenzen fehlt, werden keinen Mehrwert aus dem Distanzlernen ziehen. Sollten die Schüler*innen dadurch frustriert werden, kann sich der Distanzunterricht negativ auf die Lernbereitschaft auswirken. Ein Befragter zeigte eine solche Frustration. Obwohl das kooperative Lernen eine wichtige Eigenschaft selbstständigkeitsfördernden, offenen Unterrichts ist, sah die Mehrzahl der befragten Schüler*innen keinen Mehrwert in der gemeinsamen Arbeit mit ihrem Mitschüler*innen. Im Hinblick auf ihre Sozialkompetenz hat sich der Distanzunterricht nicht als förderlich erwiesen. Lediglich eine Befragte konnte durch das zurückgreifen auf vorhandene Ressourcen eine Videokonferenz organisieren und gemeinsam mit anderen Schüler*innen der Klasse arbeiten. Sie zieht einen Mehrwert aus dem Distanzunterricht im Hinblick auf ihre Autonomie. Die Auswirkung familiärer Unterstützung im Rahmen des Distanzunterrichts ist differenziert zu betrachten. Einerseits kann sich elterliche Hilfe positiv auf die Autonomie der Schüler*innen auswirken, solang sie im geschilderten Rahmen der Beratung bleibt. Andererseits kann dominierendes Helferverhalten als autonomieeinschränkend bewertet werden. So haben drei der befragten Schüler*innen elterliche Hilfe in Anspruch genommen. Nur ein Befragter bewertete diese als sehr hilfreich. In diesem konkreten Fall bleibt jedoch kritisch zu hinterfragen, inwieweit sich der Befragte auf die Hilfe seiner Familienmitglieder verlassen hat oder verlässt und welchen Einfluss dies auf seine Autonomieentwicklung nimmt.

Wie sich in der vorausgegangenen Darstellung zeigte, sind die Metakommunikation über Lernprozesse und Partizipation wichtige Aspekte der Schüler*innenautonomie. Lediglich eine Befragte gab an, die Möglichkeit der Partizipation in Form eines wöchentlich abgehaltenen Klassenrates wahrgenommen zu haben. Eine regelmäßige Feedback-Kultur scheint sich während des Distanzunterrichts nicht etabliert zu haben. Jeder die Autonomie der Schüler*innen fördernde Unterricht muss die gemeinsame Reflexion über Arbeitsprozesse berücksichtigen. Ein Unterricht, der die Metakommunikation vernachlässigt, kann als sich nicht positiv auf die Schüler*innenautonomie auswirkend bewertet werden.

Bezogen auf die Autonomiewahrnehmung der Schüler*innen manifestierte sich diese maßgeblich in Handlungen ihres täglichen Lebens. Dennoch hielten sich drei der Befragten nicht für explizit selbstständig. Den Grund dafür sahen sie in der Abhängigkeit zu ihren Eltern oder Lehrer*innen. Ein Befragter nahm sich als sehr selbstständig war, da er durch seine berufstätigen Eltern, den Großteil seines Alltags alleine bewältigen musste.

Erwartungen an die Schule im Hinblick auf ihre Autonomie äußerte keine Schülerin und kein Schüler. Bis auf eine Befragte schätzten die Schüler*innen regelmäßige Rückmeldungen von ihren Lehrer*innen. Zwei von ihnen erkannten die Vorteile der Lehrer*innenrolle als Organisator*innen, Moderator*innen und Helfer*innen an.

Obwohl sich die Leistungen der Schüler*innen während des Distanzunterricht im Vergleich zu vorherigen Schuljahren verschlechtert haben, muss dies nicht zwangsläufig negative Auswirkungen auf die

Schüler*innenautonomie beinhalten. Es hat sich in der vorausgegangenen Argumentation gezeigt, dass Leistung und Autonomie nicht korre-
lieren, da sich Leistung immer an äußeren Maßstäben orientiert, Autonomie auf Selbstreflexion beruht.

Insgesamt nahmen die befragten Schüler*innen den Distanzunterricht unterschiedlich wahr. Zwei der Befragten bevorzugten einen Präsenzunterricht, da ihnen der geregelte Tagesablauf und der Sozialkon-
takt zu Lehrer*innen und Mitschüler*innen gefehlt hat. Eine Befragte
empfand den Distanzunterricht aufgrund des Ausschlafens als angenehmer und ein Befragter sah die Vorteile im Präsenzunterricht und Distanzunterricht und würde die daraus resultierende Mischform des Wechselunterrichts bevorzugen. Wie sich zeigte, lassen sich im Distanzunterricht Charakteristika offenen Unterrichts wiederfinden, wie z.B. das
Entwerfen eigener Lösungswege mithilfe einer Vielzahl an Ressourcen
und Materialien, das Planen des eigenen Lernens im Hinblick auf das
Zeitmanagement und den Lernort, sowie kooperatives und kommunikatives Lernen zwischen den Schüler*innen. Außerdem hat sich herausgestellt, dass der Distanzunterricht im Hinblick auf die Förderung
der Schüler*innenautonomie dann erfolgreich war, wenn die Schüler*innen in der Lage waren die Kompetenzen anzuwenden, die auch
für den offenen Unterricht von Bedeutung sind. Schüler*innen die diese
notwendigen Kompetenzen bereits während des vorausgegangenen
Präsenzunterrichts erworben hatten, kamen insgesamt besser mit dem
häuslichen Lernen zurecht.

4.3 Reflexion der Methode

Die gewählte Methode der qualitativen Inhaltsanalyse in Verbindung mit teilstandardisierten Interviews hat sich als geeignete Verfahrensweise zur Beantwortung der Forschungsfrage erwiesen. Dadurch, dass sich die Interviews an einem Leitfaden orientierten, konnten die vier Fälle hervorragend miteinander in Beziehung gesetzt und verglichen werden. Durch die Offenheit der Fragen äußerten sich die Schüler*innen zu Aspekten, die der Forschende bei der Erstellung des Fragenkataloges nicht berücksichtigt hatte. Hier ist beispielhaft die geäußerte Mediensucht zu nennen. Bei einem Forschungsverfahrung mit standardisierten Fragebögen mit Antwortvorgaben, wäre eine solche Auswirkung des Distanzunterrichts nicht zur Sprache gekommen. Hier wird die Stärke der teilstandardisierten Interviews gegenüber anderen Erhebungsverfahren deutlich. Da die Selbstständigkeit, wie sich gezeigt hat, ein selbstreferenzielles Konzept ist, kann auch hier die Datenerhebung durch Schüler*inneninterviews als geeignete Methode bewertet werden, da sie tiefere Einblicke in die Wahrnehmung der Befragten ermöglicht. Eine Befragung der Lehrer*innen hätte wohlmöglich detaillierte Informationen zu didaktischen und methodischen Planungen geliefert. Sie wäre aber bei der Untersuchung aus o.g. Gründen weniger nützlich gewesen.

Dennoch erkannte der Forschende bei der Durchführung der Interviews die Schwierigkeit sich in Zurückhaltung zu üben und die Schüler*innen nicht durch Kommentare oder voreiliges Nachfragen in ihren Antworten zu lenken. Außerdem waren bruchstückhafte und einsilbige Antworten bei manchen Fragen ein Problem. Möglicherweise waren die Fragen dafür zu geschlossen formuliert, was die Option einer kurzen Antwort ebnete.

Bei dieser Reflexion ist zudem der Interviewer-Effekt zu berücksichtigen, da sich die befragten Schüler*innen und der Forschende in einem Verhältnis von Lehrer*in und Schüler*in wiederfanden. Anpassungen der Aussagen aufgrund dieses Einflusses sind nicht auszuschließen, da der Forschende Kontakt zu den Fachlehrer*innen der befragten

Schüler*innen hatte, obwohl die Vertraulichkeit der Informationen schriftlich zugesichert worden war. Bei der Durchführung der Interviews hat sich der Tabletcomputer als praktikables Medium zur Audioaufzeichnung erwiesen. Das Transkribieren der Audiosequenzen stellte sich als ein zeitintensiver Arbeitsprozess heraus, da die Interviews mehrfach angehört werden mussten, um die exakten Worte der – z.T. sehr schnell sprechenden – Schüler*innen schriftlich fixieren zu können. Das aus der Audioaufnahme entstandene Transkript, das die Grundlage der qualitativen Inhaltsanalyse bildete, hat eine hervorragende Nachvollziehbarkeit der einzelnen Interviewaussagen gewährleistet. Das Transkript ermöglichte ein mehrfaches Durcharbeiten und Strukturieren des Materials, wodurch ein tiefes Verständnis zu den Schüler*innenaussagen im Sinne des hermeneutischen Zirkels erlangt werden konnte. Durch die induktiv am Material gebildeten Kategorien wurde eine Themenmatrix erstellt, die letztendlich die Grundlage für die Struktur der Ergebnispräsentation lieferte. Die Themenmatrix ermöglichte einen kategorienorientierten Vergleich der Aussagen der einzelnen Fälle. Die Stärke der qualitativen Inhaltsanalyse, das systematische Durcharbeiten, bewahrte den Forschenden v.a. vor voreiligen Schlussfolgerungen, die er während des Auswertungsprozesses erkannt hatte. Er hatte nach seinem ersten Eindruck, einem der befragten Schüler weniger Autonomie zugesprochen, als sich durch die Analyse gezeigt hat. Hier wird erkennbar, dass trotz ständiger Selbstreflexion die Objektivität von der subjektiven Wahrnehmung beeinflusst wird. Durch die gewählte Methode konnte dem erfolgreich entgegengewirkt werden.

Die Deskription und die Analyse der Forschungsergebnisse jeweils kategoriengebunden zu verknüpfen und anschließend noch einmal zusammenzufassen, hat sich als unkonventionelle, aber gute Variante der Ergebnispräsentation erwiesen, da sich so eine hohe Nachvollziehbarkeit zwischen dem Material und der theoretischen Grundlage ermöglichen ließ. Wäre zunächst eine vollständige Deskription der Forschungsergebnisse erfolgt, hätte dies wohlmöglich die Nachvollziehbarkeit und die Verknüpfung mit theoretischen Grundlagen negativ beeinflusst.

Die Resonanz der Teilnahmebereitschaft an dem Forschungsprojekt war sowohl für den Forschenden als auch für die Klassenleiter*innen überraschend gering ausgefallen. Lediglich sechs Schüler*innen haben sich zur freiwilligen Teilnahme an der Befragung gemeldet. Für die Stichprobenziehung kann dies jedoch als Vorteil gesehen werden, da lediglich zwei Schüler*innen ausgeschlossen werden mussten. Insgesamt brachte das Projekt einen erheblichen organisatorischen Aufwand mit sich. Darunter fielen die Rücksprachen mit der Schulleitung und Klassenleitung, das Einholen des Einverständnisses der Eltern, sowie die Rücksprachen mit Kolleg*innen, in deren Vertretungsstunden die Schüler*innen einzeln aus dem Klassenraum genommen wurden. Außerdem mussten die Stundenpläne der befragten Schüler*innen und des Forschenden koordiniert werden und freie Klassenräume für die Befragungen gefunden werden. Nichtsdestotrotz führte die gewählte Erhebungs- und Analysemethode zu dem intendierten Ziel der Beantwortung der Forschungsfrage über die Auswirkungen des Distanzunterricht auf die Schüler*innenselbstständigkeit.

5. Fazit und Ausblick

Die durch das Corona-Virus ausgelöste Pandemie stellt die Gesellschaft, aber v.a. auch das deutsche Schulsystem auf eine nie zuvor erfahrene Belastungsprobe. Zur Eindämmung des Virus mussten die sozialen Kontakte weitestgehend eingeschränkt, die Wirtschaft heruntergefahren und die Schulen geschlossen werden. Die Schüler*innen waren plötzlich, in einem nicht vergleichbaren Ausmaß, bei ihrem Lernen auf sich alleine gestellt. Sie waren nicht mehr an geregelte Tagesabläufe gebunden, waren von ihren sozialen Kontakten praktisch isoliert und konnten bei ihrem schulischen Lernen nicht mehr auf die Ressourcen in der Schule zurückgreifen. Hilfsangebote von ihren Lehrer*innen waren nur noch über digitale Kommunikationsmittel wahrnehmbar. Dass dies einen Einfluss auf die persönliche Entwicklung der Schüler*innen, nicht nur in Bezug auf schulisches Lernen, sondern auch in allen Bereich des täglichen Lebens hat, v.a. auf ihre Selbstständigkeit, ist absehbar.

In der vorliegenden Studie, wurden vier Schüler*innen der 7. Jahrgangsstufe einer rheinland-pfälzischen Gesamtschule zu ihrem Lernen im Distanzunterricht befragt. Die gewonnen Erkenntnisse sollten Aufschluss darüber geben, wie sich die Autonomie der Schüler*innen während des Distanzunterrichts geäußert hat und ob es gelungen ist Lernarrangements zu schaffen, die diese Autonomie zu fordern und zu fördern versuchten.

Insgesamt konnte die Autonomie der befragten Schüler*innen anhand verschiedener Tätigkeiten und Handlungen aufgezeigt und reflektiert werden. In Bezug auf schulisches Lernen äußerte sich dies v.a. in der eigenständigen Organisation von Lernprozessen. In Verbindung mit dieser Feststellung konnte aber ebenfalls dargestellt werden, dass die Schüler*innenautonomie unmittelbar von sozialen, personalen und methodischen Kompetenzen abhängt. Schüler*innen, die vor dem Distanzunterricht bereits die Erfahrungen selbstgesteuerten Lernens erfahren haben und zum großen Anteil Verantwortung übernommen haben, hatten weniger Schwierigkeiten mit der Situation heimischen Schulunterrichts zurechtzukommen. Sie zeigten sogar, dass sich ihre Selbstständigkeit durch den Distanzunterricht konsolidiert hat. Schüler*innen, die Probleme mit dem Distanzlernen hatten, waren vor dem Lockdown auf lehrerzentrierten Unterricht eingestellt und im Bereich der Planung und Organisation stärker von der Unterstützung ihrer Lehrer*innen abhängig. Im Zuge der Argumentation konnte die Bedeutung des offenen Unterrichts für die Autonomieentwicklung der Schüler*innen aufgezeigt werden. Offener Unterricht kann durch schüler*innenorientiere Lernprozesse helfen, die Schüler*innen zur Selbstständigkeit zu führen. Hoffmann (2020) schreibt, dass Schüler*innen, die während ihrer Schulzeit oft mit offenen Lernarrangements in Kontakt getreten sind, während des Distanzunterrichts weniger Probleme hatten, als Schüler*innen die an lehrerzentriertes Lernen gewöhnt waren (vgl. S. 100). Diese Beobachtung deckt sich mit den Ergebnissen der vorliegenden Studie. Folglich müssen die Schulen verstärkt auf offenen Unterricht setzen um die Grundlage eines selbstgesteuerten, autonomen Lernens zu schaffen.

Bei der gewählten Stichprobe hat sich herausgestellt, dass die befragten Schüler*innen alle aus stabilen sozialen und finanziellen Umfeldern stammen. Weiterhin zu untersuchen und zu diskutieren bleibt also der Aspekt der Autonomieförderung gerade sozial und finanziell benachteiligter, sowie bildungsferner Gruppen (vgl. 3.2.2). Hier stellen sich die in der Argumentation angebrachten Aspekte des Lernortes, der Ressourcenbeschaffung und der familiären Unterstützung als problematisch dar. Vielen Kindern sozialschwacher Familien fehlt es an Rückzugsmöglichkeiten, an digitaler Ausstattung und familiärer Unterstützung (vgl. Huber & Helm, 2020, S. 53ff). Die Erreichbarkeit vieler dieser Kinder und Jugendlichen stellt sich in einem Distanzunterricht erfahrungsgemäß als schwierig heraus. Fehlende Kooperation im häuslichen Umfeld macht einen erfolgreichen Distanzunterricht unmöglich. Diese Gruppen können durch einen Präsenzunterricht eher erreicht und gefördert werden.

Die Erkenntnisse dieser Arbeit im Hinblick auf die Schüler*innen-autonomie dienen als Orientierungspunkt und Anreiz für Lehrer*innen während ihres Unterrichts auf offenen Unterricht zu setzen. Dennoch muss bei aller Autonomieförderung ein grundsätzlich langsames, aber stringentes Vorgehen beachtet werden, um den Bedürfnissen aller Schüler*innen gerecht zu werden. Eine sofortige und vollständige Um-strukturierung des schulpädagogischen Konzepts wäre nicht gewinn-bringend (vgl. Müller, 2016, S. 14). Die Zeit im kommenden Präsen-zunterricht muss genutzt werden, um bei den Schüler*innen notwen-dige Kompetenzen in offenen Unterrichtsmethoden zu fordern und zu fördern, und damit selbstgesteuertes Lernen zu trainieren. Wie sich in der Studie gezeigt hat, kann während des Distanzunterrichts auf bereits vorhandene Kompetenzen aufgebaut werden, um die Autonomie der Schüler*innen voranzubringen. Eine generelle Umstellung im Distanz-zunterricht von lehrerzentriertem Lernen zu Selbstständigkeit erscheint jedoch als kaum realisierbar. Stellen Schulen, ihre Lernangebote nicht so bereit, dass die Schüler*innen größtmögliche Gelegenheiten zur Selbsttätigkeit erhalten, wird das Erziehungsziel der Autonomie immer ein unerreichbares Ideal pädagogischer Arbeit bleiben.

Literaturverzeichnis

Akremi, L. (2019). Stichprobenziehung in der qualitativen Sozialforschung. In *Handbuch Methoden der empirischen Sozialforschung* (S. 313-332). Wiesbaden: Springer Verlag.

Bast, R. (2000). *Pädagogische Autonomie: historisch-systematische Hinführung zu einem Grundbegriff der geisteswissenschaftlichen Pädagogik*. Bochum: Projekt Verlag.

Becker-Textor, I. (2003). *Erziehung zur Selbstständigkeit: Montessoris Entwicklungspädagogik*. (M. Textor, & A. Bostelmann, Herausgeber) Abgerufen am 27. April 2021 von Das Kita-Handbuch: https://www.kindergartenpaedagogik.de/fachartikel/paedagogische-ansaetze/klassische-paedagogische-ansaetze-allgemeines/937

Berka, W. (2002). *Autonomie im Bildungswesen*. Wien, Köln, Graz: Böhlau Verlag GmbH & Co KG.

Christman, J. (2020). *Autonomy in Moral and Political Philosophy*. (E. N. Zalta, Herausgeber) Abgerufen am 11. März 2021 von The Stanford Encyclopedia of Philosophy: https://plato.stanford.edu/archives/fall2020/entries/autonomy-moral/

Dietz, K.-M. (2013). Die Entdeckung der Autonomie bei den Griechen. *Classicum*(4), 256-262.

Drieschner, E. (2007). *Erziehungsziel "Selbstständigkeit": Grundlagen, Theorien und Probleme eines Leitbildes der Pädagogik*. Wiesbaden: VS Verlag für Sozialwissenschaften.

Esser, W. (2012). Autonomie und Leistung. (C. Pauly, O. Steenbuck, & G. Weigand, Hrsg.) *Werte schulischer Begabtenförderung. Begabung und Leistung*.

Fickermann, D., & Edelstein, B. (2020). "Langsam vermisse ich die Schule..." Schule während und nach der Corona-Pandemie. (D. Fickermann, & B. Edelstein, Hrsg.) 9-36.

Flick, U. (1995). Stationen des qualitativen Forschungsprozesses. In U. Flick, E. von Kardorff, H. Keupp, L. von Rosenstiel, & S. Wolff (Hrsg.),

Handbuch Qualitative Sozialforschung. Grundlagen, Konzepte,
Methoden und Anwendung (S. 148-176). Weinheim: Beltz Verlag.

Giesinger, J. (2020). Autonomie. In G. Weiß, & J. Zirfas, *Handbuch Bildungs- und*
Erziehungsphilosophie (S. 235-244). Wiesbaden: Springer Fachmedien
GmbH.

Helfferich, C. (2019). Leitfaden- und Experteninterviews. In N. Baur, & J. Blasius
(Hrsg.), *Handbuch Methoden der empirischen Sozialforschung* (S. 669-
686). Wiesbaden: Springer Verlag.

Hlawatsch, A., & Krickl, T. (2019). Einstellungen zu Befragungen. In N. Baur, &
J. Blasius (Hrsg.), *Handbuch Methoden der empirischen*
Sozialforschung (S. 357-364). Wiesbaden: Springer Verlag.

Hoffmann, I. (2020). Die Corona-Pandemie als Katalysator für Schulreformen?
Ein persönlicher Blick auf die pädagogische Corona-Praxis. (D.
Fickermann, & B. Edelstein, Hrsg.) *Die Deutsche Schule: Zeitschrift für*
Erziehungswissenschaft, Bildungspolitik und pädagogische Praxis,
(Beiheft 16), 95-101.

Hopf, C. (1995). Qualitative Interviews in der Sozialforschung. Ein Überblick. In
U. Flick, E. von Kardorff, H. Keupp, L. von Rosenstiel, & S. Wolff
(Hrsg.), *Handbuch Qualitative Sozialforschung: Grundlagen, Konzepte,*
Methoden und Anwendungen (S. 177-181).

Huber, S., & Helm, C. (2020). Lernen in Zeiten der Corona-Pandemie. (D.
Fickermann, & B. Edelstein, Hrsg.) *Die Deutsche Schule: Zeitschrift für*
Erziehungswissenschaft, Bildungspolitik und pädagogische Praxis,
Beiheft 16, 37-60.

Humboldt , W. v. (2017). Theorie der Bildung des Menschen. In G. Lauer (Hrsg.),
Schriften zur Bildung. Ditzingen: Philipp Reclam jun. GmbH & Co KG.

Jedinger, A., & Michael, T. (2019). Interviewereffekte. In N. Baur, & J. Blasius
(Hrsg.), *Handbuch Methoden der empirischen Sozialforschung* (S. 365-
377). Wiesbaden: Springer Verlag.

Kant, I. (1803). *Über Pädagogik*. (D. Rink, Hrsg.) Königsberg.

Kant, I. (1870). *Grundlegung der Metaphysik der Sitten* (Bd. 28). Berlin: L.
Heimann.

Keller, H. (2015). *Die Entwicklung der Generation Ich: Eine psychologische Analyse aktueller Erziehungsleitbilder*. Wiesbaden: Springer Verlag.

Klafki, W. (2003). Selbstständiges Lernen muss gelernt werden! In F. Stübig, & C. Schäfer, *Selbstständiges Lernen in der Schule*. Kassel: Kassel University Press.

Klieme, E. (2020). Guter Unterricht - auch und besonders unter Einschränkungen der Pandemie? (D. Fickermann, & B. Edelstein, Hrsg.) *Die Deutsche Schule: Zeitschrift für Erziehungswissenschaft, Bildungspolitik und pädagogische Praxis, Beiheft 16*, 117-135.

Kuckartz, U. (2016). *Qualitative Inhaltsanalyse. Methoden, Praxis, Computerunterstützung*. Weinheim und Basel: Beltz Verlag.

Müller, F. (2016). *Selbstständigkeit fördern und fordern: Handlungsorientierte und praxiserprobte Methoden für alle Schularten und Schulstufen*. Weinheim und Basel: Beltz Verlag.

Marshall, J. D. (1996). *Michel Foucault: Personal Autonomy and Education*. Dordrecht: Kluwer Academic Publisher.

Mayring, P. (2016). *Einführung in die qualitative Sozialforschung: Eine Anleitung zum qualitativen Denken*. Weinheim und Basel: Beltz Verlag.

Mayring, P., & Fenzl, T. (2019). Qualitative Inhaltsanalyse. In N. Baur, & J. Blasius (Hrsg.), *Handbuch Methoden der empirischen Sozialforschung* (S. 633-648). Wiesbaden: Springer Verlag.

Meyer, C., & Meier zu Verl, C. (2019). Ergebnispräsentation in der qualitativen Forschung. In N. Baur, & J. Blasius (Hrsg.), *Handbuch Methoden der empirischen Sozialforschung* (S. 271-290). Wiesbaden: Springer Verlag.

Meyer-Drawe, K. (2000). *Illusion von Autonomie: Diesseits von Ohnmacht und Allmacht des Ichs*. München: Peter Kirchheim Verlag.

Montessori, M. (2015). *Von der Kindheit zur Jugend* (Bd. 14). (H. Ludwig, & M. Klein-Landeck, Hrsg.) Freiburg: Herder Verlag.

Nachtsheim, J., & König, S. (2019). Befragungen von Kindern und Jugendlichen. In N. Baur, & J. Blasius (Hrsg.), *Handbuch Methoden der empirischen Sozialforschung* (S. 927-934). Wiesbaden: Springer Verlag.

Nordström, K. (2009). *Autonomie und Erziehung: Eine ethische Studie*. Freiburg, München: Verlag Karl Alber.

Preissing, C., Preuss-Lausitz, U., & Zeiher, H. (1990). Veränderte Kindheitsbedingungen: neue Freiheiten, neue Zumutungen, neue Chancen? In U. Preuss-Lausitz, H. Zeiher, & T. Rülcker, *Selbständigkeit als pädagogisches Zielkonzept* (S. 20-27). Weinheim und Basel: Beltz Verlag.

Rössler, B. (2017). *Autonomie: Ein Versuch über das gelungene Leben*. Berlin: Suhrkamp Verlag.

Rülcker, T. (1990a). Selbständigkeit als pädagogisches Zielkonzept. In U. Preuss-Lausitz, H. Zeiher, & T. Rülcker, *Selbständigkeit für Kinder - die große Freiheit?* (S. 20-27). Weinheim und Basel: Beltz Verlag.

Rülcker, T. (1990b). Veränderte Familien, selbständigere Kinder? In U. Preuss-Lausitz, H. Zeiher, & T. Rülcker, *Selbständigkeit für Kinder - die große Freiheit?* (S. 38-53). Weinheim und Basel: Beltz Verlag.

Ronneberger, F., Seel, H.-J., & Stosberg, M. (1980). *Autonomes Handeln als personale und gesellschaftliche Aufgabe*. Opladen: Westdeutscher Verlag GmbH.

Schaare, J. (1998). *Erziehung zur Autonomie*. Neuwied: Herman Luchterhand Verlag GmbH.

Schiess, G. (1973). *Die Diskussion über die Autonomie der Pädagogik*. (G. Geißler, Hrsg.) Weinheim und Basel: Beltz Verlag.

Seidel, C. (2016). *Selbst bestimmen. Eine philosophische Untersuchung personaler Autonomie*. Berlin, Boston: Walter de Gruyter GmbH.

Stübig, F. (2003). Selbsttätigkeit als Weg zur Selbstständigkeit - ein Rückblick. In F. Stübig, & C. Schäfer, *Selbstständiges Lernen in der Schule* (S. 9-18). Kassel University Press.

Taylor, J. S. (2017). *Autonomy. Encyclopedia Britannica*. Abgerufen am 11. März 2021 von https://www.britannica.com/topic/autonomy

Verband Markt- und Sozialforschung Deutschland (Hrsg.). (Januar 2021). *Deutsche Gesellschaft für Online-Forschung e.V.* Abgerufen am 3. Juni

2021 von https://www.dgof.de/wp-content/uploads/2021/01/RL-
Minderjaehrigen-neu-2021.pdf

Vettiger, H., Kobel, F., & Kummer, V. (1979). *Lernziel: Selbstständigkeit -
Arbeitstechniken für Schüler*. Düsseldorf: Pädagogischer Verlag
Schwann.

Wacker, A., Unger, V., & Rey, T. (2020). "Sind doch Corona-Ferien, oder nicht?"
Befunde einer Schüler*innenbefragung zum "Fernunterricht". (D.
Fickermann, & B. Edelstein, Hrsg.) *Die Deutsche Schule: Zeitschrift für
Erziehungswissenschaft, Bildung und pädagogische Praxis*(Beiheft 16),
79-94.

Zoglauer, T. (2010). Freiheit zwischen Selbstbestimmung und Fremdbestimmung.
In E. List, & H. Stelzer (Hrsg.), *Grenzen der Autonomie* (S. 11-32).
Weilerswist: Velsbrück Wissenschaft.

Abbildungsverzeichnis

Anhang

Anhang 1) Interviewfragen aus den Schüler*inneninterviews

A) Allgemeine Lernsituation während des Lockdowns

A1) Wie viele Stunden hast du täglich während des Lockdowns in dein schulisches Lernen investiert?

A2) Welche Medien hast du für dein schulisches Lernen genutzt? (Lernvideos, Lernsoftware, Soziale Medien, Arbeitsblätter, Hörbücher, Filme, Texte, Bücher, ...)

A3) Wie wurden dir Arbeitsaufträge und Materialien von deinen Lehrer*innen zur Verfügung gestellt?

A4) Über welche Kanäle hast du Kontakt zu deinen Lehrer*innen gehalten, wie haben deine Lehrer*innen dich begleitet? (E-Mail, Zoom, Google-Classroom, ...)

A5) Wie und wie oft hast du Feedback/Rückmeldungen von deinen Lehrer*innen erhalten?

A6) Über welche Kanäle hast du Kontakt zu deinen Mitschüler*innen gehalten? (E-Mail, Telefon, Soziale Medien, ...)

A7) Wie konntest du mit deinen Mitschüler*innen gemeinsam arbeiten und lernen?

A8) Wie hat sich der Distanzunterricht auf deine Noten ausgewirkt?

A9) Wie schätzt du den Distanzunterricht emotional ein? (Wie hast du dich im Distanzunterricht gefühlt?; Hast du die Schule vermisst?)

B) Förderung von Autonomie im schulischen Kontext

B1) Für wie selbstständig hältst du dich und warum? (Woran kann man erkennen, dass du selbstständig bist?; Was bedeutet es für dich selbstständig zu sein?)

B2) Wie sah dein Tagesablauf im Distanzunterricht aus?

B3) Was meinst du: Übernimmst du für dein eigenes Lernen Verantwortung? Inwiefern? Wann?

B4) Bist du durch das Arbeiten zuhause selbstständiger geworden? Wenn ja, in welchen Bereichen?

B5) Was meinst du: Könntest du dir vorstellen noch selbstständiger in Bezug auf schulisches Lernen zu werden? Wenn ja, wie?

B6) Hast du deinen Schultag zuhause selbst geplant? Hast du dir vielleicht einen eigenen Lernplan oder so ähnlich gemacht?

B7) Wo hast du zuhause gearbeitet, also gelernt? Warum hast du diese/n Orte gewählt?

B8) Inwieweit haben dich deine Lehrer*innen bei Entscheidungen oder Wünschen über Lernangebote einbezogen?

B9) Wie hast du Unterstützung deiner Familienmitglieder in Anspruch genommen?

B10) Hast du über dein eigenes Lernen, über deine Lernerfolge nachgedacht? Wenn ja, welche Gedanken sind dir in den Sinn gekommen?

B11) Was erwartest du von der Schule, also von deinen Lehrer*innen? Wie sollen sie dein Lernen fördern?, wie sollen sie dich beim Lernen voranbringen?

B12) Sprichst du mit deinen Mitschüler*innen, Lehrer*innen oder Eltern über deine Selbstständigkeit?

C) Familiärer und schulischer Hintergrund der Befragten

C1) Wie alt bist du? Welchem Geschlecht fühlst du dich zugehörig?

C2) Wie viele Geschwister hast du?

C3) Welcher ist der höchste Bildungsabschluss deiner Eltern/Sorgeberechtigten?

C4) Welchen Beruf üben deine Eltern/Sorgeberechtigten aus?

C5) Welche Schulen hast du vor dieser besucht?

C6) Welche Klassenstufen hast du übersprungen, oder musstest du wiederholen?

C7) Nimmst du an dem Ganztagsangebot deiner Schule teil?

C8) Wie würdest du dich als Schüler*in selbst einschätzen? (leistungsstark, leistungsschwach)

Anhang 2) Transkripte der Schüler*innenbefragung

Fall 1: Laura (Freitag, 02.07.2021)

    Alter: 13

    Geschlecht: weiblich

    Dauer des Gesprächs: 19:44 min

F	**Wie viele Stunden hast du täglich während des Lockdowns in dein schulisches Lernen investiert?**
A	Ehm, eigentlich so, wenn meine Mutter zu Hause war, fast den ganzen Tag, weil wir haben dann halt morgens Konferenzen gehabt, also musste ich früh aufstehen, und danach musste ich Hausaufgaben machen. Und wir hatten halt mehr aufbekommen als sonst. Und da saß ich dann fast den ganzen Tag dran.
F	**Und als deine Mutter nicht zu Hause war?**
A	Dann konnte ich halt mehr machen, war schneller fertig, weil sie meine Geschwister mitgenommen hat.
F	**Ach so, verstehe. Kommen wir zur zweiten Frage. Welche Medien hast du für dein schulisches Lernen genutzt? Das heißt, Lernvideos, Lernsoftware, soziale Medien, Arbeitsblätter, Hörbücher, Filme, Texte, also alles was dir da einfällt.**
A	Eigentlich nur das, was uns geschickt worden ist. Und wenn ich zum Beispiel nichts kapiert hab, hab ich [eine Freundin] gefragt, weil die kann gut erklären.
F	**Okay, und was wurde dir zum Beispiel geschickt, oder wie hast du das erhalten, und was war das?**
A	Also von den Lehrern immer so auf Classroom. Manchmal so ein Video, wo wir zum Beispiel in GL was dazu machen mussten, oder irgendwas in Englisch, wo wir was hören mussten und Fragen beantworten mussten.
F	**Über welche Kanäle hast du Kontakt mit deinen Lehrer*innen gehalten? Wie haben dich deine Lehrer*innen begleitet, d.h. über E-Mail, Zoom, Classroom? Oder wie hast du Kontakt zu deinen Lehrer*innen aufgenommen?**
A	Gar nicht. Ich mag sowas gar nicht.
F	**Wenn du Kontakt aufgenommen hättest, wie hättest du das wahrscheinlich gemacht?**
A	Dann hätte ich über Classroom so eine E-Mail geschrieben.
F	**Wie und wie oft hast du Feedback oder Rückmeldung von deinen Lehrer*innen erhalten?**

A	Darauf achte ich eigentlich gar nicht. Ich meine, sie sagen zwar: „Ich habe euch darauf ein Feedback gegeben", aber ich guck da nicht drauf, weil ich weiß, dass es mich einfach nicht interessiert.
F	**Und wie häufig war das?**
A	Vielleicht so zehn Mal oder so?
F	**Also in der ganzen Zeit, d.h. weniger als einmal pro Woche?**
A	Ja, ich meine, das haben wir halt auch nicht oft bekommen.
F	**Über welche Kanäle hast du Kontakt zu deinen Mitschülern oder Mitschülerinnen gehalten?**
A	WhatsApp.
F	**Wie konntest du mit deinen Mitschülern oder Mitschülerinnen gemeinsam arbeiten und lernen?**
A	Facetime auf WhatsApp.
F	**Wie hat sich der Distanzunterricht auf deine Noten ausgewirkt?**
A	Äh, ja, es war halt so, dass ich etwas schlechtere Noten zuerst hatte, weil ich mich daran gewöhnt habe, etwas länger zu schlafen. Am Anfang war es eher besser, weil ich habe dann halt mehr Ruhe gehabt, weil ich hasse es, mit vielen Menschen zu sein. Und danach wurde es etwas schlechter, weil ich mich daran gewöhnt habe, dass ich länger schlafen kann. Aber danach ging es irgendwie ein bisschen besser.
F	**Gut, also wie würdest du das denn insgesamt bewerten, also den Distanzunterricht? Sind deine Noten im Vergleich zu vorherigen Jahren, zum Beispiel, eher besser geworden, schlechter geworden, gleichgeblieben?**
A	Sagen wir bisschen schlechter geworden.
F	**Wie schätzt du den Distanzunterricht emotional ein? Also das bedeutet, wie hast du dich im Distanzunterricht gefühlt? Hast du vielleicht die Schule vermisst?**
A	Ich habe die Schule überhaupt nicht vermisst. Ich hasse Schule. Ich mochte es halt, weil ich dann halt mehr schlafen konnte und auch mehr Zeit für meine Freundinnen hatte, wenn ich die Hausaufgaben fertig hatte. Aber bei Schule konnte ich fast gar nichts halt machen.
F	**Für wie selbstständig hältst du dich und warum?**
A	Äh, wahrscheinlich, ist es bei mir so, dass ich halt nicht so selbstständig bin, weil ich viele Sachen direkt wieder vergesse. Zum Beispiel ich habe gerade an etwas gedacht, und danach, nach fünf Sekunden, ist es einfach weg. Ich weiß es einfach nicht mehr, was es war. Und, äh, wenn es mir halt einfällt, dann mache ich das auch alleine, aber es ist selten, dass es mir einfällt.
F	**Also was denkst du, woran kann man eine selbstständige Person erkennen?**

A	Dass sie alle Hausaufgaben immer abgibt, in den Konferenzen, halt für die Konferenzen vorgearbeitet hat. Die halt auch immer pünktlich zu den Konferenzen kommt. Und auch Sachen verbessert, wenn sie es falsch gemacht hat.
F	**Wie sah dein Tagesablauf in Distanzunterricht aus?**
A	Aufstehen, runter gehen, was zu essen holen, hoch gehen, halt in mein Zimmer, Laptop anmachen, sauer werden warum der nicht angeht, dann geht der nicht an, vielleicht richtig früh so um acht Uhr. Dann zur Konferenz gehen. Nach der Konferenz in eine andere Konferenz gehen. Wenn, dann noch in eine Konferenz gehen und danach Hausaufgaben.
F	**Ach so, und bei der Planung dieses Tagesablaufs, hattest du da irgendwelche Hilfe?**
A	Ich habe einfach das gemacht, was ich am frühesten abgeben muss.
F	**Aber es hat dir niemand gesagt: „Du machst heute das, das, das…"?**
A	Ich habe nur gesagt, wenn man mich dabei nicht in Ruhe lässt, dann mache ich es nicht.
F	**Was meinst du, übernimmst du für dein eigenes Lernen Verantwortung? Wenn ja, inwiefern und wann?**
A	Das bedeutet…?
F	**Also in welchen Situationen würdest du sagen, dass du selbstständig lernst?**
A	Wenn ich alleine zu Hause bin.
F	**Und würdest du sagen, dass du dann zu Hause für alles was du machst, verantwortlich bist?**
A	Kapiere ich nicht.
F	**Das ist gar kein Problem. Alles gut.** **Denkst du, dass du durch das Arbeiten zu Hause selbstständiger geworden bist?**
A	Joa, etwas, ich meine, zu Hause sind meine Noten dann etwas runter gegangen. Dann habe ich mir vorgenommen, weil ich eigentlich die Schule wechseln wollte, ich wollte von Anfang an eigentlich nicht hier hin. Äh, dann wollte ich halt die Schule wechseln, jetzt nach den Sommerferien eigentlich, aber ich bin mir nicht mehr sicher. Und dann haben die halt gesagt, wenn ich zurück auf [ein Gymnasium] möchte, muss ich halt bessere Noten haben. Also habe ich versucht, wenigstens in den Hauptfächern gute Noten zu bekommen, besonders in Mitarbeit. Dass ich es nicht vergesse, vielleicht, ein Paar Hausaufgaben zu machen und mich halt mehr melde.
F	**Also in welchen Bereichen würdest du sagen, dass du selbstständiger geworden bist?**
A	In den Fächern?

F	Ja, aber auch, wenn du mal nicht an die Schule denkst, zum Beispiel in deiner Familie, in deiner Freizeitgestaltung, bei Freunden?
A	Ich räume eigentlich fast nie mein Zimmer auf, aber langsam mache ich das einfach, so aus Langeweile, weil ich meine, ich habe nichts zu tun.
F	Kommen wir zu nächsten Frage. Was meinst du: könntest du dir vorstellen noch selbstständiger in Bezug auf schulisches Lernen zu werden? Wenn ja, wie?
A	Ja, ich könnte halt nicht vergessen, Hausaufgaben zu machen, und immer alles dabeihaben. Halt, dass ich abends meine Schultasche packe, und gucke, okay, was muss ich noch machen, die Sachen dann machen, wenn ich sie vergessen habe. Und dann am nächsten Tag nochmal checke, ob ich alles dabeihabe, weil sonst ist es so, dass ich morgens nur meine Tasche packe.
F	Hast du deinen Schulalltag zu Hause selbst geplant? Hast du dir vielleicht einen eigenen Lernplan o.ä. gemacht?
A	Nein, nichts, gar nichts.
F	Wie planst du dein Lernen denn überhaupt?
A	Also ich mache das beim Lernen halt immer so, dass ich sehe, okay ich habe etwas bis morgen auf, also mache ich die Sachen. Wenn ich mit den Sachen fertig bin und noch Zeit für irgendwas habe, fange ich mit den Sachen an, die für übermorgen sind. Weil dann hab ich die schon abgehakt und kann dann morgen die Sachen für den nächsten Tag machen.
F	Wie weißt du, dass du noch Zeit hast? Zu Hause hast du ja keinen Stundeplan in dem Sinne, das heißt du musst dir ja eine Grenze setzten, so und so lange mache ich jetzt Aufgaben, danach höre ich auf. Also wie weißt du dann wann du noch Zeit hast oder nicht?
A	Also ich höre um allerhöchstens 20 Uhr auf, weil [ab] dann mache ich halte was ich möchte, für eine Stunde noch. Aber, ja, dann mache ich halt so, dass ich vielleicht bis 19 Uhr lerne, dann gehe ich runter, esse Abendessen, dann gehe ich hoch und mache was ich will.
F	Wo hast du zu Hause gearbeitet, also gelernt?
A	In meinem Zimmer, weil ich weiß, ich bin halt oben. Unsere Schlafzimmer sind halt oben in der oberen Etage und ich weiß, dass meine Eltern und Geschwister sind meistens in der unteren Etage, weil dort der Fernseher und alles ist. Also bin ich in mein Zimmer gegangen und habe das da gemacht, weil es dann einfach da ruhiger war.
F	Okay, und in deinem Zimmer, in dem du lernst, gibt es da einen bestimmten Ort, den du auswählst?
A	Mein Bett.

F	Dein Bett also, ja das kannst du in der Schule ja zum Beispiel nicht. Welche Hilfsmittel benutzt du da, also zum Beispiel elektronische Geräte oder Bücher?
A	Äh, ich benutze eigentlich nur meinen Computer, also Laptop.
F	Inwieweit haben dich deine Lehrerinnen und Lehrer bei Entscheidungen oder Wünschen über Lernangebote einbezogen, also das was im Unterricht gemacht wird?
A	Gar nicht?
F	Wie hast du Unterstützung deiner Familienmitglieder in Anspruch genommen?
A	Indem sie mich in Ruhe gelassen haben.
F	Also denkst du, die größte Unterstützung ist einfach, dich in Ruhe zu lassen?
A	Ja.
F	Und es gibt keine größeren Geschwister oder Eltern, die dir etwas erklärt haben?
A	Doch, das fand ich aber nervig. Mein Vater kommt nämlich immer rein und will mir Mathe erklären und ich hasse das.
F	Also du machst das lieber für dich selber, ganz eigenständig. Hast du denn über dein eigenes Lernen, also deine Lernerfolge schon Mal nachgedacht? Wenn ja, welche Gedanken sind dir in den Sinn gekommen?
A	Bedeutet…?
F	Also hast du dir vielleicht schon mal Gedanken darüber gemacht, dass du eine Aufgabe sehr gut gelöst hast, oder, dass du in einem Fach sehr gut weitergekommen bist, oder, dass dich eine bestimmte Methode gut weitergebracht hat.
A	Nein, nicht wirklich. Ich habe es einfach nur gemacht. Ich meinte: „Was soll ich damit?"
F	Gibt es denn neue Methoden die du dir zu Hause neu angeeignet hast?
A	Ne.
F	Was erwartest du von der Schule, also von deinen Lehrerinnen und Lehrern, wie sollen sie dein Lernen fördern? Wie sollen sie dich beim Lernen weiterbringen?
A	Indem sie nicht so viel aufgeben, weil dann kann ich mich mehr auf eine Sache konzentrieren, obwohl ich mich eigentlich gar nicht konzentrieren kann. Weil wenn sie so viel aufgeben, denke ich mir, okay, ich muss das jetzt schnell machen, und dann das schnell machen, auch wenn es falsch ist am Ende. Weil wenn sie nicht so viel aufgäben, könnte ich mich auf eine Sache mehr konzentrieren.

F	**Sprichst du mit deinen Mitschüler*innen, Lehrer*innen oder Eltern über deine Selbstständigkeit?**
A	Ne.
F	**Also du verhandelst nicht mit deinen Eltern, sag ich mal, länger auf zu bleiben, oder dass du dich öfter mit deinen Freunden treffen darfst?**
A	Nicht wirklich, denn am Anfang vom Lockdown, da durften wir ja gerade noch so, also bei mir war das so, war ich ja im Kickboxen und das durften wir gerade noch so, weil wir nur aus vier Mitgliedern bestanden und draußen waren. Und da es bei mir im Dorf war, durfte ich ja auch schon mal bis 20.30 Uhr draußen bleiben mit meiner Freundin, weil das Training erst um 20.15 Uhr aufhört. Und schlafen gehe ich eh erst um 21 Uhr.
F	**Entscheidest du selbst darüber, wann du schlafen gehst?**
A	Also meine Mutter sagt immer, es müssen das Handy und alle Geräte entweder unten sein, oder oben in meinem Zimmer, aber komplett aus. Und dann kann ich entweder schlafen oder nicht schlafen, wie auch immer.
F	**Wie würfest du dich selbst als Schülerin einschätzen?**
A	Eher so mittel, weil ich bin halt...zwar kann ich das Thema manchmal, zum Beispiel in Englisch bin ich immer gut, aber ich melde mich halt fast gar nicht, weil ich mag das halt gar nicht, wenn man mich anstarrt, während ich was vorlese, also mehrere Leute.

Fall 2: Maik (Freitag, 02.07.2021)

Alter: 12

Geschlecht: männlich

Dauer des Gesprächs: 18:44 min

F	Wie viele Stunden hast du täglich während des Lockdowns in dein schulisches Lernen investiert?
A	Also mindestens sieben Stunden.
F	Hast das auch mal variiert?
A	Ja, das ist immer unterschiedlich gewesen, kommt drauf an, wie viel ich aufhatte. Und halt auch noch mit den Konferenzen.
F	Welche Medien hast du für dein schulisches Lernen genutzt, also Lernvideos, Lernsoftware, soziale Medien, Arbeitsblätter, Texte, Hörbücher...?
A	Also ich habe nur das verwendet, was ich von den Lehrern zugeschickt gekriegt habe. Also die Arbeitsblätter und Texte und Bilder.
F	Wie wurden dir Arbeitsaufträge und Materialien von deinen Lehrer*innen zur Verfügung gestellt?
A	Über Google Classroom.
F	Über welche Kanäle hast du Kontakt zu deinen Lehrer*innen gehalten, wie haben sie dich begleitet?
A	Also ich habe nur über Google Classroom mit meinen Lehrern geschrieben und so. Und die standen halt immer an unserer Seite. Und die haben uns bei den meisten Sachen geholfen, zumindest, da wo sie uns helfen konnten.
F	Und wenn du etwas nicht verstanden hast? Was hast du dann gemacht?
A	Manchmal habe ich meinen Lehrer gefragt, aber manchmal habe ich auch einfach das hingeschrieben, was ich gedacht habe. Also es war meistens so.
F	Wie und wie oft hast du Feedback oder Rückmeldung von deinen Lehrer*innen erhalten?
A	Also ich habe über Classroom Feedback erhalten und das war manchmal halt auch sehr viel.
F	Was meinst du mit „sehr viel"?
A	Manchmal war es zum Beispiel nur ein Satz oder manchmal auch gar nichts oder manchmal auch drei, vier Nachrichten, weil ich manchmal Sachen überhaupt nicht verstanden habe.
F	Und wie findest du das?
A	Ich finde es eigentlich ganz okay, weil aus Fehlern lernt man.
F	Also findest du es wichtig, dass dir Lehrer*innen ein ausführliches Feedback geben?

A	Ja.
F	**Über welche Kanäle hast du Kontakt zu deinen Mitschüler*innen gehalten?**
A	Gar nicht.
F	**Also du hast dich gar nicht mit Mitschüler*innen während dieser Zeit unterhalten?**
A	Sehr sehr sehr selten.
F	**Und wie hast du das gemacht?**
A	Dann über WhatsApp.
F	**Wie konntest du mit deinen Mitschüler*innen gemeinsam arbeiten und lernen?**
A	Gar nicht, weil ich es ja im Prinzip gar nicht gemacht habe.
F	**Wie hat sich der Distanzunterricht auf deine Noten ausgewirkt?**
A	Also ich hatte das Gefühl, dass meine Noten schlechter wurden.
F	**Okay, und woran könnte das liegen?**
A	Ehm, weil ich nicht meinen geregelten Tagesablauf hatte.
F	**Wie schätzt du den Distanzunterricht emotional ein? Also wie hast du dich während des Distanzunterrichts gefühlt? Hast du die Schule vielleicht auch ein bisschen vermisst?**
A	Also ich finde den Präsenzunterricht definitiv besser und ich war auch sehr oft müde und gelangweilt im Distanzunterricht. Und das ist, weil ich meinen geregelten Tagesablauf nicht habe.
F	**Für wie selbstständig hältst du dich und warum?**
A	Ich habe die Frage nicht verstanden.
F	**Wie eigenständig, also dass du für dich selbst Verantwortung übernimmst, hältst du dich? Also es gibt fremdbestimmte Menschen, d.h. dass andere Leute ihnen sagen, was sie zu tun haben und dann gibt es selbstbestimmte Menschen, die ihr Leben selbst in die Hand nehmen. Woran würdest du sagen erkennt man eine selbstständige Person?**
A	Dass sie sich selbst Ziele setzt und dass man die Ziele dann auch verfolgt.
F	**Würdest du sagen, du bist selbstständig?**
A	Also vom Schulischen her, dass ich jetzt sage ich habe verschiedene Hausaufgaben und ich mache erst das und dann das und dann das, das mache ich eher nicht so. Im Homeschooling wusste ich halt nicht, wie ich es mir einteilen sollte.
F	**Wie findest du es selbstständig zu sein?**
A	Ich finde es halt schon wichtig für das spätere Leben, weil man kann ja jetzt nicht das ganze Leben bei seinen Eltern leben und dann halt einfach nichts machen. Man muss ja auch für sich selber kochen und alles Mögliche. Und selber arbeiten gehen und Geld verdienen.

F	Wie sah dein Tagesablauf im Distanzunterricht aus? Also ein typischer Tag.
A	Also ich bin erst aufgestanden, dann habe ich mich vor den PC gesetzt und musste ein paar Stunden lang die Videokonferenzen mitmachen. Dann habe ich noch zwei, drei Stunden an den Hausaufgaben gesessen, wenn nicht manchmal sogar noch länger. Und dann habe ich mich gelangweilt.
F	Was meinst du: Übernimmst du für dein eigenen Lernen Verantwortung? Und wenn ja, wie?
A	Das habe ich jetzt nicht verstanden.
F	Für die Schule musst du ja bestimmte Hausgaben bearbeiten und Themen lernen und im Distanzunterricht bekommst du ja keine Anweisungen von den Lehrer*innen, weil sie ja nicht da sind. Wie hast du sichergestellt, dass du deine Aufgaben machst? Wie hast du da Verantwortung gezeigt?
A	Ich habe halt einfach die Aufgaben gemacht, so wie ich es gedacht habe, wie ich es halt richtig fand. Und wenn die Lehrer mir Feedback gegeben haben, habe ich das auch meistens verbessert. Also so wie immer.
F	Bist du durch das Arbeiten zu Hause selbstständiger geworden, also hast du zu Hause vielleicht mehr Aufgaben übernommen? Wenn ja, welche?
A	Also dadurch wurde ich eher nicht selbstständig.
F	Warum meinst du das?
A	Weil ich habe mir jetzt nicht im Prinzip gesagt, ich mache das und das und dann mache ich erst das, ich habe das einfach gemacht wie ich Lust und launisch [sic] war. Von den Aufgaben her, von der Reihenfolge. Also wenn ich im Präsenzunterricht bin, finde ich es besser.
F	Was meinst du: Könntest du dir vorstellen noch selbstständiger beim Lernen in der Schule zu werden? Wenn ja, wie?
A	Das habe ich jetzt nicht verstanden.
F	Was würde dir vielleicht helfen noch eigenständiger zu werden, also, dass du noch mehr Sachen alleine schaffen kannst, wenn das überhaupt geht?
A	Ne. Ich weiß nicht wie.
F	Hast du deinen Schultag zu Hause selbst geplant? Hast du dir vielleicht einen eigenen Lernplan o.ä. gemacht?
A	Ne.
F	Wer hat das Lernen für dich geplant, wenn du das nicht selbst gemacht hast?
A	Eigentlich niemand. Also im Prinzip die Lehrer schon, weil wir mussten ja erst zu den Konferenzen und in der Zeit, in der wir keine Konferenzen

	hatten oder auch nach den Konferenzen sollten wir halt unsere Aufgaben machen und die dann abgeben.
F	**Wo hast du zu Hause gearbeitet, also gelernt und warum hast du dir diesen Ort ausgesucht?**
A	An meinem Schreibtisch in meinem Zimmer.
F	**Okay, und welche digitalen Hilfsmittel hast du benutzt?**
A	Meistens mein Handy, aber manchmal auch das Laptop, wo ich halt die Konferenzen gemacht habe.
F	**Also Arbeitsaufträge hast du eher über das Handy aufgerufen?**
A	Nein, über das Laptop, aber wenn ich zum Beispiel Hilfe gebraucht habe, wenn ich nicht wusste, was bestimmte Sachen heißen, habe ich die halt gegoogelt.
F	**Inwieweit haben dich deine Lehrer*innen bei Entscheidungen oder Wünschen über Lernangebote einbezogen? Das bedeutet: Wie habe dich deine Lehrer*innen gefragt, was du im Unterricht vielleicht gerne machen würdest, was würdest du vielleicht anderes machen oder ob dir eine Methode gut gefällt, die man dann in der Zukunft häufiger einsetzten könnte?**
A	Also ich hatte eigentlich keine Wünsche oder Verbesserungsvorschläge an die Lehrer, weil ich wusste ja selber nicht, wie ich etwas bessermachen soll. Und in der Zeit wo wir Homeschooling hatten, dass jeder irgendwie Probleme hatte und dann irgendwie verpeilt war, weil da ja viel Stress dabei war, weil man immer „hin und her switchen" musste und nicht einfach in einer Konferenz bleiben konnte.
F	**Was meinst du mit immer „hin und her switchen"?**
A	Also erst hatten wir eine Konferenz, danach mussten wir schnell auf die andere Konferenz von einem anderen Fach. Dann hatten wir eine halbe Stunde Zeit, sage ich mal, damit wir die Aufgaben machen konnten, also ein bisschen, oder einfach nur kurz eine Pause machen konnten und dann mussten wir direkt wieder in die andere Konferenz.
F	**Wie hast du Unterstützung deiner Familienmitglieder in Anspruch genommen?**
A	Gar nicht, also fast gar nicht. Manchmal habe ich meine Mutter gefragt, aber eigentlich sonst gar nicht.
F	**Haben sie dir denn dann auch Hilfe angeboten?**
A	Ja schon, wenn ich meine Mutter gefragt habe, aber meistens hat mir das auch gar nicht weitergeholfen.
F	**Nimmst du gerne Hilfe in Anspruch, oder machst du es lieber alleine?**
A	Ich mache es lieber alleine.
F	**Hast du über dein eigenes Lernen, also Erfolge beim Lernen nachgedacht?**

A	Inwiefern?
F	**Wenn du zum Beispiel was für die Schule erledigt hast und du dir gedacht hast, dass du das toll hingekriegt hast, oder, dass dir dein Vorgehen gut gefallen hat oder dir Spaß gemacht hat das zu erledigen?**
A	Eigentlich nicht. Die Lehrer haben mir halt Feedback gegeben und dann habe ich es halt verbessert für mich selber.
F	**Was erwartest du von der Schule, also von deinen Lehrer*innen? Wie sollen sie dein Lernen fördern, oder dich im Leben voranbringen?**
A	Ich erwarte eigentlich gar nichts von meinen Lehrern im Prinzip, weil ich mache das einfach so, wie ich das denke und wenn es falsch ist, verbessere ich es halt.
F	**Dir fällt also nichts ein, was deine Lehrer*innen für dich tun könnten?**
A	Nein, weil ich es ja selbst nicht besser weiß.
F	**Sprichst du mit deinen Mitschüler*innen, Lehrer*innen oder Elter über deine Selbstständigkeit?**
A	Inwiefern darüber sprechen?
F	**Wenn du vielleicht mit jemandem sprichst und sagst, dass du das lieber alleine gemacht hättest, oder du findest, dass es auf deine Weise für dich einfach gewesen wäre, oder dass du mehr Freiräume für dich forderst, also etwas auch ohne Hilfe zu machen.**
A	Nein.
F	**Wie würdest du dich als Schüler selbst einschätzen?**
A	Eher so ein Mittelding, weil ich zum Beispiel in fast allen Fächern bin ich mündlich besser als schriftlich und zum Beispiel in Klassenarbeiten schreibe ich eher schlechte Noten als in den Eponoten.

Fall 3: Michelle (Dienstag, 06.07.2021)

Alter: 13

Geschlecht: weiblich

Dauer des Gesprächs: 18:08 min

F	**Wie viele Stunden hast du täglich während des Lockdowns in dein schulisches Lernen investiert?**
A	Also ich war von morgens 8 Uhr bis 13 Uhr immer dran, also am Laptop, aber zwischendurch habe ich halt immer Pausen gemacht. Aber ich saß auch abends und mittags dran. Es war immer unterschiedlich eigentlich.
F	**Welche Medien hast du für dein schulisches Lernen genutzt, d.h. Lernvideos, Lernsoftware, soziale Medien, Arbeitsblätter...?**
A	Also halt Classroom und eigentlich habe ich keine Videos und so geguckt zum Lernen und so. Ich habe entweder meinen Vater gefragt, oder es alleine versucht, oder halt gar nichts gemacht, wenn ich es nicht verstanden habe.
F	**Und was gab es auf Classroom?**
A	Da waren manchmal so Lernvideos dabei, oder man konnte halt die Lehrer anschreiben dann und nachfragen. Ach ja, und Videokonferenzen.
F	**Wie wurden dir Arbeitsaufträge und Materialien von deinen Lehrer*innen zur Verfügung gestellt?**
A	Also die Arbeitsblätter haben wir immer selber ausgedruckt, aber sonst wurde halt alles auf Classroom zugestellt.
F	**Über welche Kanäle hast du Kontakt zu deinen Lehrer*innen gehalten, d.h. wie habe deine Lehrer*innen dich begleitet?**
A	Also eigentlich größtenteils über E-Mail und halt über die Videokonferenzen, wenn ich Fragen gestellt habe, oder so. Und bei Classroom gab es so eine Kommentarfunktion, da konnte man auch Fragen stellen.
F	**Wie und wie oft hast du Rückmeldung oder Feedback von deinen Lehrer*innen erhalten?**
A	Das kam immer auf den Lehrer an, zum Beispiel in Englisch haben wir jedes Mal Feedback bekommen, auf die Rechtschreibung und so. Und da haben wir auch ein Dokument zurückbekommen wo alles korrigiert war. In Mathe haben wir das eher in Videokonferenzen besprochen und keine so richtige Rückmeldung bekommen. Aber es gab auch Fächer, in denen man gar keine Rückmeldung bekommen hat.

F	Welche Fächer waren das zum Beispiel?
A	Ich glaube in Deutsch war das sehr oft, weil da waren wir bei Balladen und da mussten wir halt immer Texte schreiben und da haben wir wenig Rückmeldung bekommen.
F	**So jetzt gehen wir mal ein bisschen von deinen Lehrer*innen weg. Über welche Kanäle hast du Kontakt zu einen Mitschüler*innen gehalten?**
A	Tatsächlich bin ich auf Zoom angemeldet, noch vom 6. Schuljahr und da habe ich öfter mit Leuten telefoniert darüber, oder Aufgaben besprochen, und sonst habe ich auch E-Mails geschrieben, oder halt auf WhatsApp habe ich mich ausgetauscht.
F	**Und zu diesen Konferenzen, die du ja dann selbst geplant hast, hast du da Hilfe von andern bekommen oder hast du das ganz alleine organisiert?**
A	Also wir haben das einfach so gemacht, um uns auszutauschen. Ich habe halt immer über E-Mail geschrieben und dann haben wir halt gefragt, ob wir lieber reden wollen anstatt schreiben, denn das ist immer nervig, weil man immer aktualisieren muss bei E-Mail. Und da ich noch auf Zoom angemeldet war, haben wir einfach eine eigene Konferenz gemacht und da haben wir dann auch andere Klassenkammeraden gefragt, ob die reinkommen und dann ging das eigentlich. Und auf WhatsApp haben wir normal telefoniert halt.
F	**Das finde ich super, dass ihre das alleine organisiert habt. Wie hat sich denn der Distanzunterricht auf deine Noten ausgewirkt?**
A	Ehm, das kam wieder aufs Fach an. In vielen Fächern habe ich mich verbessert, weil ich ja Internet zur Verfügung hatte und da zum Beispiel in Englisch Übersetzer benutzen konnte und so, da habe ich dann nicht so viele Rechtschreibfehler gemacht. Aber in Mathe zum Beispiel habe ich das Thema nie verstanden und dadurch bin ich jetzt, als ich wieder zur Schule kam total abgerutscht in Mathe und verstehe fast gar nichts. Also es kam auch auf das Fach an.
F	**Wie schätzt du den Distanzunterricht emotional ein? Oder wie hast du dich im Distanzunterricht gefühlt? Hast du die Schule vielleicht vermisst?**
A	Also ich fand es tatsächlich besser, wenn man in der Schule ist, weil hier hat man Freunde, hier kann man direkt Fragen stellen und so. Hier kriegt man auch direkt eine Antwort. Zu Hause fand ich es zwar auch cool, weil eigentlich konnte man die ganze Zeit chillen, man konnte

	auch essen und so, aber hier ist halt besser, denn hier [in der Schule] hat man die Lehrer direkt vor sich und man kann direkt mit ihnen reden.
F	**Könntest du dir vorstellen, dass man vielleicht in der Zukunft, unabhängig von einer Pandemie, auf einen Distanzunterricht setzt?**
A	Also ja, aber ich fände es halt nicht so toll, da kann man die Freunde wieder nicht sehen. Aber das war auch ein bisschen nervig, denn ich glaube, dass die Lehrer selbst nicht einschätzen konnten, wie viele Aufgaben die [Lehrer*innen] jetzt aufgegeben haben.
F	**Was meinst du mit „sie konnten es selbst nicht einschätzen"?**
A	Also wir hatte sehr oft für denselben Tag ganz viele Aufgaben und ich glaube die [Lehrer*innen] konnten nicht einschätzen wie viele Aufgaben wir machen mussten. Zum Beispiel in Mathe hatten wir so einen Wochenplan und der war sehr viel und dann haben wir halt in anderen Fächern auch sehr viel gehabt und dann hat sich das so überkreuzt, dass man sehr lange dran saß. Deshalb glaube ich, dass die Lehrer das auch nicht im Blick hatten.
F	**Okay, kommen wir zur nächsten Frage: Für wie selbstständig hältst du dich und warum?**
A	[Für] selbstständig halte ich mich nicht so wirklich, weil meine Eltern mussten mich sehr oft daran erinnern die Aufgaben zu machen, weil ich ja Internet hatte und mich sehr oft abgelenkt habe mit Social Media, aber sonst habe ich die Aufgaben immer abgegeben und daran gedacht. Das coole war, dass es halt bei Classroom per E-Mail nochmal eine Erinnerung bekommen hat sonst hätte ich halt komplett alles vergessen.
F	**Woran, würdest du sagen, erkennt man eine selbstständige Person?**
A	Dass sie halt an die Aufgaben denkt und, dass sie halt für sich arbeitet und nicht noch andere Leute fragt und so.
F	**Und wenn wir jetzt von der Schule weggehen würden, also gar nicht auf die Schule bezogen, sondern im alltäglichen Leben?**
A	Oh, das ist schwierig, ich würde sagen, dass man halt für sich selbst einfach ist. Jetzt sich nicht wirklich auf andere bezieht.
F	**Gehen wir nochmal zurück zum Distanzunterricht und wie sah dein Tagesablauf im Distanzunterricht aus?**
A	Also ich bin morgens aufgestanden halt auch so um 8 Uhr und so. Und meistens hatten wir dann um 8:10 Uhr auch die erste Videokonferenz. Und dann haben wir halt Aufgaben gemacht und so. Zwischendurch habe ich halt mit meinen Klassenkameraden geschrieben oder mein

	Handy mit hoch genommen. Und dann waren halt wieder Videokonferenzen, aber meine Mutter hat mich dazu verpflichtet, dass ich eine Pause mache, damit ich nicht zu viel Stress habe und dann habe ich halt so um 10 Uhr eine halbe Stunde Pause gemacht, es sei denn, es war eine Videokonferenz. Und sonst war ich halt bis 13 Uhr dran, dann gab es halt Essen und danach habe ich manchmal noch so kleine Aufgaben gemacht so in Kunst zum Beispiel oder so.
F	**Und was würdest du sagen, übernimmst du für dein eigenes Lernen Verantwortung? Und wenn ja, in welcher Weise?**
A	Also wenn ich selber lerne, dann bin ich eigentlich sehr stolz auf mich, weil ich sonst nie selber lerne und meine Eltern müssen mich sehr oft daran erinnern, dass ich für HÜs und so lerne, auch im Homeschooling war das so. Ja, es ist schwierig.
F	**Bist du durch das Arbeiten zu Hause selbstständiger geworden? Wenn ja, in welchen Bereichen?**
A	Ich bin eher nicht selbstständiger geworden. Ich habe mich eher darauf verlassen, dass ich die Erinnerung bekomme auf E-Mails und, dass meine Eltern mich nochmal daran erinnern. Das hat sich zum Beispiel auf die jetzige Zeit [im Präsenzunterricht] ausgeweitet. Sonst habe ich früher immer die Hausaufgaben gemacht, wenn ich die aufbekommen hab, jetzt lasse ich die immer ein bisschen nach hinten stehen und mache die manchmal nur morgens im Offenen Anfang direkt. Also eigentlich nicht.
F	**Also würdest du tatsächlich sagen, dass sich der Distanzunterricht eher negativ auf deine Selbstständigkeit ausgewirkt hat?**
A	Ja, hat er.
F	**Was meinst du, könntest du noch selbstständiger in Bezug auf dein schulisches Lernen werden? Wenn ja, wie?**
A	Ja, ich sollte mich vielleicht nicht so viel ablenken lassen von anderen Sachen, so auf dem Handy und so. Also ich bin sehr oft am Handy auf so Social Media, Youtube, Tiktok und so. Und ich denke ich habe da auch eine gewisse Sucht, so nennt man das glaube ich, aufgebaut. Ich gucke halt pro Tag schon mehr als zehn Videos und das ist halt eigentlich nicht normal für mich halt, denn früher war ich fast gar nicht am Handy. Ja, und das würde ich halt gerne ändern und so.
F	**Also wenn ich es richtig verstanden habe, bist du durch den Distanzunterricht abhängig geworden von digitalen Medien?**
A	Ja.
F	**Hast du eine Ahnung woran das liegen könnte?**

A	Ja, ich glaube schon, weil ich war immer am Laptop halt und hatte halt Classroom und so offen und da bin ich auch manchmal auf Youtube gegangen und da war auch so ein Hype auf so ein Spiel. Und das Spiel fand ich halt richtig cool. Und dann habe ich halt geguckt ob es da Videos gibt, wie andere Leute das spielen, weil ich es selber nicht spielen durfte. Und das hat sich halt weiterentwickelt. Dadurch habe ich neue Videos gefunden. Also es hatte auch eher damit zu tun, dass ich Internet hatte und so, aber das hat sich jetzt auch ein bisschen geändert, weil meine Eltern das selber gemerkt haben, und die Internetzeiten geändert haben.
F	**Hast du deinen Schultag zu Hause selbst geplant? Hast du dir vielleicht einen eigenen Lernplan o.ä. gemacht?**
A	Tatsächlich nicht. Meine Mutter hat halt das mit dem Aufstehen und den Pause und so gemacht. Und einen Lernplan habe ich mir auch nicht so richtig gemacht. Auf Classroom gab es die Funktion einen Stundenplan zu haben, was man wann abgeben muss, aber einen Lernplan habe ich mir nicht gemacht.
F	**Und nach welchen Kriterien hast du dann entschieden, welche Aufgaben zu zuerst erledigst?**
A	Die Einfachsten habe ich als erstes gemacht. Die Schwierigsten habe ich eher nach hinten geschoben.
F	**Wo hast du zu Hause gearbeitet, also gelernt, und warum hast du dir diesen Ort ausgewählt?**
A	Ich habe in meinem Zimmer gelernt, weil unten im Wohnzimmer wäre mein Vater gewesen, der hatte auch Homeoffice. Und an meinem Laptop halt gelernt. Und in meinem Zimmer war es halt eh gut, weil da konnte ich halt wenn es mir nicht gut geht in mein Bett gehen.
F	**Das heißt du hast in deinem Zimmer sowohl an deinem Schreibtisch als auch in deinem Bett gelernt?**
A	Ja.
F	**Inwieweit haben dich deine Lehrer*innen bei Entscheidungen oder Wünschen über Lernangebote einbezogen?**
A	Es gab manchmal freiwillige Aufgaben, aber die habe ich nie gemacht.
F	**Und in Bezug auf Wünschen, also was im Unterricht gemacht werden könnte?**
A	Da gab es nicht so wirklich Wünsche, also nicht, dass ich wüsste. Es war nur manchmal, ob es Fragen gab und so, aber Wünsche nicht.

F	**Also würdest du sagen, dass deine Lehrer*innen dich nicht in den Entscheidungsprozess was im Unterricht gemacht wird miteinbezogen hätten?**
A	Ne. Also wenn es Aufgaben gab, dann konnte ich halt meine Meinung zu der Aufgabe sagen, was ich da geschrieben habe und so, aber sonst glaube ich nicht. Halt im Klassenrat konnte man sich über Sachen beschweren, zum Beispiel dass in die Videokonferenzen immer fremde Leute reingegangen sind und irgendwie Musik angemacht haben oder so, aber sonst nicht.
F	**Wie hast du Unterstützung deiner Familienmitglieder in Anspruch genommen?**
A	Ehm, das war sehr unterschiedlich, also ich lerne nicht so gerne mit meinen Eltern, weil ich mich immer dann selber ablenke und die irgendwelche Fachbegriffe verwenden, die ich nicht verstehe. Aber in habe in Mathe zum Beispiel seine (die Hilfe des Vaters) gebraucht, weil sonst wäre ich ganz abgerutscht. Von meiner Schwester zum Beispiel möchte ich keine Hilfe, weil sie ist halt älter als ich und sie tut dann immer einen auf Besserwisser und abends so beim Essen sagt sie dann immer so: „Warum kannst du das nicht? Bist du zu dumm dafür?". Deshalb habe ich lieber für mich gelernt.
F	**Hast du dir über dein eigenes Lernen also über Lernerfolgt Gedanken gemacht? Wenn ja, welche Gedanken sind dir in den Sinn gekommen?**
A	Ehm, ja, also zum Beispiel in Englisch, da hab ich mich verbessert in der Sprache, weil ich den Übersetzer genommen habe, aber dann habe ich mir auch so gedacht: „Ja, okay, aber das hat ja jetzt das Internet für mich gemacht." Aber sonst nicht, glaube ich.
F	**Okay und wenn du das jetzt auf irgendwelche neuen Lernmethoden beziehst?** **Oder vielleicht etwas, das dir aufgefallen ist, dass du dir durch den Distanzunterricht neu angeeignet hast?**
A	Ich habe mir auf meinem Computer, also weil ich ja eh am Computer war, LibreOffice immer aufgemacht und da habe ich mir so alles zusammengeschrieben, quasi nochmal zusammengefasst. Das habe ich manchmal gemacht so vor einer Videokonferenz oder wenn wir eine HÜ geschrieben haben. Also es gab diese Quizze da konnte man quasi eine HÜ darüber schreiben, da habe ich mir immer Zusammenfassungen geschrieben, aber sonst glaube ich nicht.

F	**Das ist aber jetzt etwas, das du vor dem Distanzunterricht noch nicht gemacht hast?**
A	Ja.
F	**Was erwartest du von der Schule, also von deinen Lehrer*innen? Wie sollen sie dein Lernen fördern?**
A	Ehm, dass sie mir Fragen stellen oder öfter halt zu mir kommen und fragen ob ich es verstehe oder ob ich Schwierigkeiten habe im Unterricht. Und online auch über die Aufgabe darüber gucken und sehen, wo die Fehler sind und mich dann fragen, ob ich da nochmal Hilfe brauche, weil ich mich selber zum Beispiel nicht getraut habe, in den Videokonferenzen zu sagen, dass ich eine Frage habe, das war für mich zum Beispiel sehr schwierig.
F	**Und bezogen auf deine Selbstständigkeit, was erwartest du da von deinen Lehrer*innen, hast du da Erwartungen?**
A	Nein, eigentlich nicht. Ich glaube das muss ich selber machen.
F	**Sprichst du mit deinen Mitschüler*innen, Lehrer*innen über Eltern über deine Selbstständigkeit?**
A	Nein, also ich habe halt Internetfreunde, mit denen rede ich halt manchmal über meine Probleme, aber über Selbstständigkeit eher nicht.
F	**Jetzt kommen wir noch zur letzten Frage und zwar wie würdest du dich als Schülerin selbst einschätzen?**
A	Eher so mittel. Also in der 5. Klasse war ich eher so strebermäßig, aber es geht jetzt immer weiter runter, weil ich halt den Weg zu Social Media mehr gefunden habe und so. Deshalb denke ich, dass ich jetzt eher schlechter werde.

Fall 4: Jan (Donnerstag, 08.07.2021)

Alter: 13

Geschlecht: männlich

Dauer des Gesprächs: 20:19 min

F	Wie viele Stunden hast du täglich während des Lockdowns in dein schulisches Lernen investiert?
A	Also es war eigentlich immer unterschiedlich. Manchmal war es mehr, je nachdem, weil manche Lehrer haben sich halt nicht abgesprochen. Zum Beispiel am Montag gab es dann von manchen Lehrern zehn Aufgaben auf und von anderen Lehrern dann auch zehn, aber dann gab es zum Beispiel am Mittwoch gar nichts mehr auf und dann war das immer unterschiedlich. Also ungefähr, pro Tag, war ich schon drei, vier Stunden damit beschäftigt, je nachdem, manchmal auch bis abends, also so bis 21 Uhr, weil ich dann verpennt habe das zu machen.
F	Welche Medien hast du für dein schulisches Lernen genutzt, also zum Beispiel Lernvideos, Lernsoftware, soziale Medien, Arbeitsblätter, Hörbücher, Texte, Filme...?
A	Also ich habe eigentlich immer, also wenn ich etwas nicht wusste, habe ich anstatt mir das nochmal anzugucken das einfach direkt gegoogelt, weil mir das zu langweilig war darüber selbst nachzudenken, weil die Lehrer können das ja eh nicht nachvollziehen, also habe ich nie irgendwo nachgeguckt, sondern immer das Internet bevorzugt.
F	Und wenn du das Internet benutzt hast, hast du dir dann eher Artikel durchgelesen oder Videos angeschaut?
A	Ich habe mir eher Videos angeschaut, denn dann musste ich auch nicht lesen und so und dann ging das eigentlich alles viel schneller.
F	Wie wurden dir Arbeitsaufträge und Materialien von deinen Lehrer*innen zur Verfügung gestellt?
A	Also da war so eine Lernplattform und da wurden dann immer, zum Beispiel in Mathe, wurden dann montags Aufgaben reingestellt, also so ein Aufgabenblatt und dann musste man das ausdrucken oder manchmal musste man auch was im Buch nachgucken. Ich hatte Glück denn meine Mutter arbeitet in der Praxis hier in [dem Ort] und da gibt es einen Drucker und die hat mir das dann immer alles ausgedruckt. Aber andere Schüler, die zum Beispiel keinen Drucker haben, hatten das dann doch ein bisschen schwerer, weil die dann immer da nachgucken mussten und so.
F	Über welche Kanäle hast du Kontakt zu deinen Lehrer*innen gehalten? Wie haben sie dich begleitet?

A	Also manche Lehrer, also vielleicht zwei, drei Lehrer haben uns am Ende der Woche, also wenn wir immer abgegeben haben, haben die uns immer ein Feedback über die Lernplattform gegeben. Und manchmal mitten in der Woche in den Hauptfächern oder in WPF; da gab es immer so Videokonferenzen, die hatten wir dann über eine Plattform, Zoom oder so, oder über BigBlueButton, das war bei jedem Fach unterschiedlich.
F	**Und welche Kanäle hast du für den Kontakt zu deinen Mitschüler*innen genutzt?**
A	Eigentlich gar nicht. Vielleicht manchmal über WhatsApp, wenn ich etwas nicht verstanden habe und auch nichts gefunden habe in Google, dann habe ich auch mal nachgefragt, was vielleicht die Lösung war, oder „Kann mir das mal kurz jemand erklären?", aber sonst eigentlich nie.
F	**Wie konntest du mit deinen Mitschüler*innen gemeinsam arbeiten und lernen?**
A	Zusammen lernen eigentlich nicht so gut, weil manche Schüler sind halt sehr anstrengend, sag ich mal, und die Lehrer haben uns das auch nie so bereitgestellt über die Lernplattform. Also die haben immer gesagt: „Das ist die Aufgabe und das macht ihr jetzt". Links [auf der Lernplattform] konnte man eigentlich zusammen schreiben, aber die Lehrer haben das dann immer ausgestellt, dass man dann nichts mit anderen Schülern besprechen konnte
F	**Wie hat sich der Distanzunterricht auf deine Noten ausgewirkt?**
A	Sehr schlecht, also ich war in der Grundschule eigentlich ein guter Schüler. Ich hatte einen Zweier-Durchschnitt, auch in der 5. Klasse. Und ab der 6. Klasse, wo wir mit der Lernplattform angefangen haben, da gingen meine Noten runter. Zum Beispiel hab ich bei meinem Zeugnis dann einen 2,9 Durchschnitt gehabt und ich glaube das Zeugnis jetzt wird auch kein gutes Zeugnis, weil ich in jeder Arbeit eine Vier oder Fünf hatte.
F	**Wie schätzt du denn den Distanzunterricht emotional ein? Hast du die Schule vielleicht vermisst?**
A	Joa, also es ging. Manchmal hätte man sich so gedacht, jetzt könnte mir mein Lehrer das nochmal gut erklären, weil wenn ich in der Schule sitze dann erklärt er mir das ins Gesicht und muss das nicht über die Lernplattform schreiben oder so. Das mit dem Wechselunterricht fand ich eigentlich sehr gut, weil man konnte dann zu Hause sein und die Sachen machen und wenn man dann am nächsten Tag Fragen hatte, konnte man die direkt fragen. Das fand ich eigentlich sehr gut. Also die Schule habe ich eigentlich eher weniger vermisst, also immer unterschiedlich, je nachdem.
F	**Könntest du dir vielleicht vorstellen, dass der Wechselunterricht häufiger, wenn nicht sogar immer praktiziert wird?**

A	Ja, das könnte ich. Ich finde diesen Wechselunterricht sehr gut, wie schon gesagt, wenn man jetzt zum Beispiel Fragen hat, kann man zu Hause gucken und in die Schule kommen und die Fragen werden beantwortet. Und das ist nicht so wie bei der Lernplattform, wo man fast nichts beantwortet bekommt. Oder auch wenn man jeden Tag in der Schule ist, wird das auch auf lange Zeit stressig, denn man muss dann direkt für den nächsten Tag die Hausaufgaben haben. Wenn man jetzt zum Beispiel einen Tag frei hat oder man muss montags zum Beispiel was machen, dann hat man Dienstag den ganzen Tag Zeit, um die Aufgaben zu erledigen, also war das schon einfacher.
F	**Für wie selbstständig hältst du dich und warum?**
A	Also selbstständig ist eigentlich immer anders. Zum Beispiel in manchen Fächern wie in Mathe verstehe ich manche Themen nicht ganz gut, dann bin ich auf die Hilfe von anderen Schülern oder anderen Lehrern angewiesen. Wenn aber jetzt zum Beispiel ein gutes Thema in Englisch kommt. In Englisch bin ich nämlich sehr gut – auch wenn ich die Arbeit nicht sehr gut gemacht habe. Da bin ich sehr selbstständig und helfe auch manchmal anderen Schülern. Da sind manche Schüler, die nicht so gut sind, auf mich angewiesen.
F	**Und wenn du jetzt die Selbstständigkeit mal nicht auf die Schule beziehen würdest, sondern auf deinen ganzen Alltag?**
A	Also meine Eltern müssen beide manchmal sehr lange arbeiten. Mein Vater arbeitet jeden Tag bis ungefähr 17 Uhr und meine Mutter arbeitet montags und dienstags bis 19 Uhr und die restlichen Tage bis 15 Uhr, also bin ich da schon sehr selbstständig. Aber ich bin auch sehr oft bei meinen Großeltern aber jetzt in der Zeit ist das ein bisschen schwieriger, weil mein Opa oft zur Chemo muss, weil der irgendwas in der Lunge hat, Lungenkrebs oder so. Deshalb bin ich, was Außerschulisches angeht, sehr selbstständig.
F	**Wie sah denn dein Tagesablauf im Distanzunterricht aus?**
A	Also morgens hat meine Mutter mich, bevor sie zur Arbeit gegangen ist, wach gemacht, dann habe ich erstmal gefrühstückt. Um 8 Uhr habe ich dann erstmal geguckt was alles so neu dazugekommen ist und dann habe ich immer so bis 12 Uhr gearbeitet. Vielleicht manchmal auch weniger, je nachdem wie ich fertig wurde. Dann musste ich mit meinem Hund gehen zu meinen Großeltern essen. Dann als ich dann wieder nach Hause kam, habe ich mich entweder an die Hausaufgaben gesetzt, weil vielleicht nochmal was dazugekommen ist, oder weil ich etwas nicht fertigbekommen habe. Und danach habe ich dann Freizeitaktivitäten gemacht, wie zum Beispiel Fußballspielen gegangen, hatte Training. Joa, war eigentlich ganz okay.

125

F	**Was meinst du, übernimmst du für dein eigenes Lernen Verantwortung? Wenn ja, inwiefern und wann?**
A	Verantwortung eigentlich nicht. Meine Eltern, also meine Mutter ist, was Schule angeht, sehr streng, weil sie fragt mich auch zum Beispiel, wenn ich sage, der Lehrer hat gesagt wir sollen uns das mal angucken, weil wir vielleicht in der nächsten Stunde eine HÜ schreiben, dann sagt meine Mutter: „Du setzt sich jetzt daran und lernst, dann kommst du, wenn du es richtig kannst runter und ich frag dich ab." Ich bin da nicht so selbstständig, sondern meine Mutter das eher so gemacht. Also wenn ich eine gute Note geschrieben habe, was das ihr Verdienst. Wie sie dann gesagt hat: „Du kannst das nicht, geh hoch lernen."
F	**Und wie sieht es aus mit der Bearbeitung von Aufgaben?**
A	Also in der Schule, wie ich schon gesagt habe, bin ich bei manchen Fächern, bei manchen Themen muss ich halt andere Kinder fragen, aber zum Beispiel in GL bin ich ein ganz guter Schüler und da mache ich meine Aufgaben immer sehr selbstständig und sorgfältig und auch sehr schnell und wenn ich fertig bin, helfe ich auch anderen Schülern.
F	**Bist du durch das Arbeiten zu Hause selbstständiger geworden? Wenn ja, in welchen Bereichen?**
A	Also durch das Arbeiten zu Hause bin ich selbstständiger geworden, weil ich jetzt zum Beispiel die Hausaufgaben mache ich selber. Zum Beispiel in der 5. Klasse und weiter davor habe ich die Hausaufgaben immer mit meinen Eltern zusammen gemacht, aber jetzt wo das in der Homeschooling-Phase nicht ging, weil meine Eltern ja arbeiten mussten, habe ich die selber gemacht und meine Eltern haben sie dann abends nur nochmal kontrolliert. Und deshalb hat sich das auf das Arbeiten sehr gut ausgewirkt.
F	**Was meinst du: Könntest du dir vorstellen in Bezug auf dein schulisches Lernen noch selbstständiger zu werden? Wenn ja, wie?**
A	Also ich bin ein sehr fauler Mensch, also wenn ich will, könnte ich ein guter Schüler werden, nur mir sind andere Sachen wichtiger, zum Beispiel Hobbys, Freunde und so. Ja, ich habe jetzt zum Beispiel zweimal in der Woche Training und habe dann noch ein Spiel am Wochenende und gehe dann die anderen Tage nochmal Joggen mit meinem Vater. Wenn ich das Joggen zum Beispiel weglassen würde, könnte ich mich mehr auf die Schule konzentrieren, aber mir ist das dann doch nicht so wichtig.
F	**Hast du deinen Schulalltag zu Hause selbst geplant? Hast du dir vielleicht einen eigenen Lernplan oder irgendeine Strukturierung wie du jetzt vorgehst bei der Bearbeitung gemacht?**
A	Ja also ich habe es immer so gemacht, was ich am meisten auf hatte, also wenn ich jetzt in Englisch vier Aufgaben hatte, in Mathe drei und in Deutsch eine, dann mache ich erstmal zum Beispiel am Montag zwei

	Englischaufgaben, dann mache ich eine Deutschaufgabe damit ich mit der fertig bin und eine Matheaufgabe. Dann mache ich am Dienstag, wenn nichts neues dazu kommt, die restlichen Englischaufgaben und dann mache ich am Mittwoch die Matheaufgaben und dann habe ich wahrscheinlich noch GL und so, und das mache ich dann noch zwischendrin ab und zu mal.
F	**Wo hast du zu Hause gearbeitet, also gelernt? Und warum hast du diesen Ort ausgewählt?**
A	Also ich habe mein Schlafzimmer genommen. Ich habe zwei Zimmer. Ein Zimmer, in dem ich eine Playstation und einen Fernseher und so habe, aber ich habe mein Zimmer genommen, in dem ich schlafe, denn da habe ich auch einen Schreibtisch, einen schönen Stuhl wo ich sitzen kann und da ist auch mein Laptop, wo ich dann auf die Aufgaben zugreifen konnte.
F	**Und in deinem Zimmer hast du da auch andere Stellen gewählt außer deinem Schreibtisch?**
A	Also manchmal in den Videokonferenzen habe ich meinen Laptop abgeschlossen und bin dann ins Bett gegangen und habe mich dann bisschen hingelegt, denn auf meinem Stuhl wird es nach langer Zeit unangenehm. Aber sonst bin ich eigentlich immer da [am Schreibtisch] gewesen.
F	**Inwieweit haben dich deine Lehrer*innen bei Entscheidungen und Wünschen über Lernangebote einbezogen?**
A	Also meine Lehrer haben zum Beispiel manchmal mir Aufgaben aufgegeben und dann haben sie, wenn ich es abgegeben habe, gesagt, dass es schlecht war und dann musste ich es nochmal machen. Und dann habe ich es nochmal gemacht und dann habe ich mich verbessert und das fand ich sehr blöd, denn wir hätten das in der Videokonferenz besprechen müssen. Ich fand wir hatten viel zu wenige Videokonferenzen in jedem Fach.
F	**Und haben deine Lehrer*innen auch mal gefragt was du vielleicht gerne im Unterricht machen würdest oder konntest du irgendwelche Vorschläge machen?**
A	Nein, also die Lehrer haben uns eigentlich nichts gefragt, was Unterricht angeht. Die haben uns Aufgaben gegeben und manchmal eine Videokonferenz gemacht und sonst haben die uns eigentlich gar nicht dazu gefragt.
F	**Also in Entscheidungen habe die euch gar nicht einbezogen?**
A	Nein. Die haben dann immer gesagt, das steht so im Lehrplan und das müssen wir so und so machen. Also nie gefragt, was wir wollten.
F	**Wie hast du Unterstützung deiner Familienmitglieder in Anspruch genommen?**
A	Ehm, wir mussten in Englisch zum Beispiel ein Plakat machen und meine Tante ist, was das angeht, sehr gut, und dann bin ich oft zu ihr gegangen und habe mit ihr dann das Plakat gemacht. Meine Mutter hat mir auch oft geholfen, mein Vater nicht so, weil er war nicht so ein guter Schüler. Aber

	meine Mutter hat mir oft geholfen, also mir haben viele aus meiner Familie geholfen. Also am meisten meine Mutter und meine Tante und da war ich auch sehr angewiesen drauf, weil ich sonst die Aufgaben nicht so gemacht hätte.
F	**Angewiesen darauf, weil du nicht wusstest wie du es machen sollst, oder weil du dann die Aufgaben nicht so sorgfältig bearbeitet hättest?**
A	Also von beidem ein bisschen. Ich hätte dann manche Aufgaben nicht verstanden, wenn meine Mutter sie mir nicht erklärt hätte und ich habe auch eine Nachhilfelehrerin, und der habe ich auch manchmal Bilder von der Aufgabe geschickt und dann hat sie mir die erklärt, aber ich hätte sie auch nicht so sorgfältig gemacht. Hätte meine Mutter gesagt: „Mach einfach die Aufgabe so wie du willst", dann hätte ich vielleicht von drei Aufgaben zwei gemacht und die dann auch nur so hingeklatscht und nicht so sorgfältig.
F	**Hast du über dein eigenes Lernen, also deine Lernerfolge schon mal nachgedacht?**
A	Ne, eigentlich noch nie.
F	**Was erwartest du von der Schule, also deinen Lehrer*innen? Wie sollen sie dein Lernen fördern?**
A	Also sie sollten mehr auf die Schüler eingehen, also sie sollten nicht vorne stehen, und sagen: „Wenn jetzt noch jemand Fragen hat, dann sag die Fragen", sondern wenn wir jetzt Aufgaben bearbeiten, dann sollen sie nicht vorne rumsitzen und einfach auf uns drauf gucken, sondern sollten rumgehen und auch mal Leute ansprechen: „Hast du dazu jetzt eine Frage? Wo bist du jetzt dran?" Sie sollten sich mehr darauf konzentrieren uns zu helfen, anstatt einfach nur rumzusitzen und uns Aufgaben zu geben und zu hoffen, dass die Stunde gleich vorbei ist.
F	**Was genau meinst du mit „helfen"?**
A	Also wie ich schon gesagt habe, sollten sie zu uns hingehen und zum Beispiel auf die Aufgabe gucken und sagen: „Also das ist jetzt falsch. Das musst du jetzt neu machen. Ich erkläre dir das kurz". Und nicht einfach nur vorne sitzen und wenn die Aufgaben besprochen werden und wenn jemand etwas Falsches sagt, nicht einfach sagen das es falsch ist, sondern auch erklären und sagen wie es richtig geht.
F	**Sprichst du mit einen Mitschüler*innen, Lehrer*innen oder Eltern über deine Selbstständigkeit?**
A	Mit meiner Mutter rede ich oft über meine Selbstständigkeit, also sie sagt, du musst selbstständiger werden und mit meinen Mitschülern eigentlich gar nicht.
F	**Und wenn sie sagt, du musst selbstständiger werden. Was meint sie damit?**

A	Sie meinst damit, dass wenn ich zum Beispiel nach Hause komme mich direkt an die Hausaufgaben setze und nicht erstmal andere Sachen mache und dann erst an die Hausaufgaben gehe und dann bis 22 Uhr an den Hausaufgaben sitze, sondern sie sagt: „Ich muss dir nicht sagen, dass wenn du nach Hause kommst, dass du direkt deine Hausaufgaben machst, sondern du machst deine Hausaufgaben direkt wenn du nach Hause kommst selbstständig, also ich muss dir nicht erst sagen, dass du die machen musst"
F	**Und wenn wir die Selbstständigkeit jetzt nicht auf die Hausaufgaben beziehen, sondern auf anderen Bereich deines Lebens?**
A	Also [in anderen Bereichen meines Lebens] fordert meine Mutter nichts, denn ich räume mein Zimmer immer am Wochenende auf. Im Haushalt, ich bringe immer den Müll raus, und räume die Spülmaschine aus, Staubsauge manchmal und was meine Freizeit angeht, gehen ich auch oft mit Freunden raus, also dazu sagt sie eigentlich nichts.
F	**Wie würdest du dich selber als Schüler einschätzen?**
A	Also ich bin eher ein mittelmäßiger Schüler. Ich schreibe oft Dreien, aber manchmal auch eine Vier, aber dafür auch manchmal eine Zwei, zum Beispiel wenn ich in einem Fach eine Vier geschrieben habe, schreibe ich dann in der nächsten Arbeit oder HÜ eine bessere Note, damit sich das so ein bisschen ausgleicht. In meinem Zeugnis sind meistens Zweien und Dreien drin, eigentlich nie eine Vier aber dafür auch selten eine Eins.

Anhang 3) Themenmatrix mit Interviewzitaten

Kategorie / Fall	Lernzeit
(1) Laura	„Eigentlich [...] fast den ganzen Tag, weil wir haben [...] morgens Konferenzen gehabt, [...] und danach musste ich Hausaufgaben machen. Und wir hatten halt mehr aufbekommen als sonst. Und da saß ich dann fast den ganzen Tag daran. [...] Ich höre um allerhöchstens 20 Uhr auf."
(2) Maik	„Also mindestens sieben Stunden. [...] Das ist immer unterschiedlich gewesen, kommt drauf an, wie viel ich aufhatte. Und halt auch noch mit den Videokonferenzen. [... ich] musste ein paar Stunden lang die Videokonferenzen mitmachen. Dann habe ich noch zwei, drei Stunden an den Hausaufgaben gesessen, wenn nicht manchmal noch länger."
(3) Michelle	„Ich war von morgens 8 Uhr bis 13 Uhr immer dran, [...] zwischendurch habe ich halt immer Pause gemacht. Aber ich saß auch abends und mittags dran. Es war immer unterschiedlich eigentlich. [...] Wir hatten sehr oft für denselben Tag ganz viele Aufgaben. [...] Ich bin morgens aufgestanden [...] um 8 Uhr und [...] meistens hatten wir dann um 8:10 Uhr auch die erste Videokonferenz. [...] Ich [war] halt bis 13 Uhr dran, [...] und danach habe ich manchmal noch kleine Aufgaben gemacht."
(4) Jan	„Es war eigentlich immer unterschiedlich. [...] Also ungefähr, pro Tag, war ich schon drei, vier Stunden damit beschäftigt, je nachdem, manchmal auch bis abends, also bis 21 Uhr. [...] Um 8 Uhr habe ich dann erstmal geguckt was alles so neu dazugekommen ist und dann habe ich immer so bis 12 Uhr gearbeitet. Vielleicht manchmal auch weniger, je nachdem, wie ich fertig wurde. [... Nachmittags] habe ich mich entweder an die Hausaufgaben gesetzt, weil vielleicht nochmal was dazugekommen ist, oder weil ich etwas nicht fertigbekommen habe."

Kategorie / Fall	Medieneinsatz
(1) Laura	„Eigentlich nur das, was uns geschickt worden ist, [...] also von den Lehrern immer so auf Classroom. [...] Manchmal so ein Video [... oder] wo wir was hören mussten und Fragen beantworten mussten. [...] Facetime auf WhatsApp [...] Ich benutze eigentlich nur meinen Computer, also Laptop [für Videokonferenzen]."
(2) Maik	„Also ich habe nur das verwendet, was ich von den Lehrern zugeschickt gekriegt habe. Also die Arbeitsblätter und Texte und Bilder [...] über Google Classroom. [...] Ich habe

	mich vor den PC gesetzt und musste […] die Videokonferenzen mitmachen. [… Arbeitsaufträge aufgerufen] über das Laptop, aber wenn ich zum Beispiel Hilfe gebraucht habe, […] habe ich die halt [mit dem Handy] gegoogelt." *WhatsApp zur Kontaktaufnahme mit Mitschüler*innen.*
(3) Michelle	„Also halt Classroom und […] da waren manchmal so Lernvideos dabei […] und Videokonferenzen. […] Die Arbeitsblätter haben wir immer selber ausgedruckt, aber sonst wurde halt alles auf Classroom gestellt, […] tatsächlich bin ich auf Zoom angemeldet […] und sonst habe ich auch E-Mails geschrieben, oder halt auf WhatsApp habe ich mich ausgetauscht. […] Zwischendurch habe ich halt mit meinen Klassenkameraden geschrieben oder mein Handy mit hochgenommen. […] Also ich bin sehr oft am Handy auf so Social Media, YouTube, TikTok und so […] ich war immer am Laptop […] und bin auch manchmal auf YouTube gegangen. […] In Englisch habe […] ich den Übersetzer genommen. […] Es gab diese Quizze, da konnte man quasi eine HÜ darüber schreiben."
(4) Jan	„Ich habe anstatt mir das nochmal anzugucken das einfach direkt gegoogelt, […] also habe ich nie irgendwo nachgeguckt, sondern immer das Internet bevorzugt. […] Ich habe mir eher Videos angeschaut, denn dann musste ich auch nicht lesen […] und dann ging das eigentlich alles viel schneller. […] Also da war so eine Lernplattform und da wurden […] Aufgaben reingestellt, also so ein Aufgabenblatt und dann musste man das ausdrucken oder manchmal musste man auch was im Buch nachgucken. […] Da gab es immer so Videokonferenzen, die hatten wir dann über eine Plattform, Zoom, oder so über BigBlueButton. [… Kommuniziert] vielleicht manchmal über WhatsApp, wenn ich etwas nicht verstanden habe und auch nichts gefunden habe in Google. […] Mein Laptop, wo ich dann auf die Aufgaben zugreifen konnte." *Hat seiner Nachhilfelehrerin Bilder von seinen Aufgaben geschickt.*

Fall ＼ Kategorie	Lehrer*innenkontakt
(1) Laura	„Also [mit] den Lehrern immer so auf Classroom. […Kontaktaufnahme] gar nicht. Ich mag sowas gar nicht, […wenn] dann hätte ich über Classroom so eine E-Mail geschrieben. [… aus Lehrerfeedback] achte ich eigentlich gar nicht, […] weil ich weiß, dass es mich einfach nicht interessiert. [… Das war] vielleicht zehn Mal oder so. […] Ich meine, das haben wir halt auch nicht oft bekommen"

(2) Maik	„Also ich habe nur das verwendet, was ich von den Lehrern zugeschickt gekriegt habe [...] über Google Classroom. [...] Also ich habe nur über Google Classroom mit meinen Lehrern geschrieben und so. Und die standen halt immer an unserer Seite. Und die haben uns bei den meisten Sachen geholfen, zumindest, da wo sie uns helfen konnten. [...] Manchmal habe ich meine Lehrer gefragt, aber manchmal [...] auch einfach das hingeschrieben, was ich gedacht habe. [...] Also ich habe über Classroom Feedback erhalten, und das war manchmal halt auch sehr viel. [...] Manchmal war es zum Beispiel nur ein Satz oder manchmal auch gar nichts oder manchmal auch drei, vier Nachrichten, weil ich manchmal Sachen überhaupt nicht verstanden habe. [...] Ich habe halt einfach die Aufgaben gemacht, so wie ich es gedacht habe, wie ich es halt richtig fand. Und wenn die Lehrer mir Feedback gegeben haben, habe ich das auch meistens verbessert. Also so wie immer."
(3) Michelle	„Also die Arbeitsblätter haben wir immer selbst ausgedruckt, aber sonst wurde halt alles auf Classroom zugestellt. [...] Also eigentlich [Kontakt zu Lehrern] größtenteils über E-Mails und halt über die Videokonferenzen, wenn ich Fragen gestellt habe, oder so. Und bei Classroom gab es so eine Kommentarfunktion, da konnte man auch Fragen stellen. [Rückmeldungen:] Das kam immer auf den Lehrer an, zum Beispiel in Englisch haben wir jedes Mal Feedback bekommen, auf die Rechtschreibung und so. Und da haben wir auch ein Dokument zurückbekommen wo alles korrigiert war. In Mathe haben wir das eher in Videokonferenzen besprochen und keine so richtige Rückmeldung bekommen. Aber es gab auch Fächer, in denen man gar keine Rückmeldung bekommen hat. [...] Ich glaube in Deutsch war das sehr oft, weil da waren wir bei Balladen und da mussten wir halt immer Texte schreiben und da haben wir wenig Rückmeldung bekommen."
(4) Jan	„Also da war so eine Lernplattform und da wurden [...] Aufgaben reingestellt. [...] Ich habe [...] das einfach direkt gegoogelt, [...] weil die Lehrer können das ja eh nicht nachvollziehen, also habe ich [...] immer das Internet bevorzugt. [...] Also manche Lehrer, also vielleicht zwei, drei Lehrer haben uns am Ende der Woche, also wenn wir immer abgegeben haben, haben die uns immer ein Feedback über die Lernplattform gegeben. Und manchmal mitten in der Woche in den Hauptfächern oder in WPF; da gab es immer so Videokonferenzen, die hatten wir dann über eine Plattform, Zoom oder so, oder über BigBlueButton, das war bei jedem Fach unterschiedlich.

Also meine Lehrer haben zum Beispiel [...] wenn ich es abgegeben habe, gesagt, dass es schlecht war, und dann musste ich es nochmal machen. Und dann habe ich [...] mich verbessert und das fand ich sehr blöd, denn wir hätten das in der Videokonferenz besprechen müssen. Ich fand wir hatten viel zu wenige Videokonferenzen in jedem Fach."

Kategorie / Fall	Schüler*innenkontakt
(1) Laura	„Wenn ich zum Beispiel nichts kapiert hab, hab ich [eine Freundin] gefragt, weil die kann gut erklären. [...] Ich hasse es mit vielen Menschen zu sein." *Kontaktaufnahme über Textnachrichten oder Videoanrufe auf WhatsApp.*
(2) Maik	„Gar nicht, [...] sehr sehr sehr selten, [...] dann über WhatsApp. [Gemeinsames Arbeiten mit Mitschüler*innen:] Gar nicht, weil ich es ja im Prinzip gar nicht gemacht habe."
(3) Michelle	„Tatsächlich bin ich auf Zoom angemeldet, noch vom 6. Schuljahr und da habe ich öfter mit Leuten telefoniert darüber, oder Aufgaben besprochen, und sonst habe ich auch E-Mails geschrieben, oder halt auf WhatsApp habe ich mich ausgetauscht. [...] Also wir haben das einfach so gemacht, um uns auszutauschen. Ich habe halt immer über E-Mail geschrieben und dann haben wir halt gefragt, ob wir lieber reden wollen anstatt schreiben, denn das ist immer nervig, weil man immer aktualisieren muss bei E-Mail. Und da ich noch auf Zoom angemeldet war, haben wir einfach eine eigene Konferenz gemacht und da haben wir dann auch andere Klassenkammeraden gefragt, ob die reinkommen und dann ging das eigentlich."
(4) Jan	„Eigentlich gar nicht. Vielleicht manchmal über WhatsApp, wenn ich etwas nicht verstanden habe und auch nichts gefunden habe in Google, dann habe ich auch mal nachgefragt, was vielleicht die Lösung war. [...] Zusammen lernen eigentlich nicht so gut, weil manche Schüler sind halt sehr anstrengend [...] und die Lehrer haben uns das auch nie so bereitgestellt über die Lernplattform. Also die haben immer gesagt: „Das ist die Aufgabe und das macht ihr jetzt. Links [auf der Lernplattform] konnte man eigentlich zusammen schreiben, aber die Lehrer haben das dann immer ausgestellt, dass man dann nichts mit anderen Schülern besprechen konnte."

Kategorie / Fall	Familiäre Unterstützung
(1) Laura	„Indem sie mich in Ruhe lassen. [...] Mein Vater kommt nämlich immer rein und will mir Mathe erklären und ich hasse das. [...] Das fand ich [...] nervig. [Als meine Mutter nicht zu Hause war] konnte ich mehr machen, war schneller fertig, weil sie meine Geschwister mitgenommen hat [...] weil es dann einfach da ruhiger war."
(2) Maik	„Gar nicht, also fast gar nicht. Manchmal habe ich meine Mutter gefragt, aber eigentlich sonst gar nicht [...], aber meistens hat mir das auch gar nicht weitergeholfen. [...] Ich mache es lieber alleine."
(3) Michelle	„Also ich lerne nicht so gerne mit meinen Eltern, weil ich mich immer dann selber ablenke und die irgendwelche Fachbegriffe verwenden, die ich nicht verstehe. Aber in habe in Mathe zum Beispiel seine [die Hilfe des Vaters] gebraucht, weil sonst wäre ich ganz abgerutscht. Von meiner Schwester zum Beispiel möchte ich keine Hilfe, weil sie ist halt älter als ich und sie tut dann immer einen auf Besserwisser [...]. Deshalb habe ich lieber für mich gelernt. [...] Ich habe mich eher darauf verlassen, dass [...] meine Eltern mich nochmal daran erinnern. [...] Meine Mutter hat mich dazu verpflichtet, dass ich eine Pause mache, damit ich nicht zu viel Stress habe und dann habe ich halt [...] eine halbe Stunde Pause gemacht, es sein denn, was war eine Videokonferenz. [...] Ich habe entweder meinen Vater gefragt, oder es alleine versucht"
(4) Jan	„Ehm, wir mussten [...] zum Beispiel ein Plakat machen und meine Tante ist, was das angeht, sehr gut, und dann bin ich oft zu ihr gegangen und habe mit ihr dann das Plakat gemacht. Meine Mutter hat mir auch oft geholfen, mein Vater nicht so, weil er war nicht so ein guter Schüler. [...] Also mir haben viele aus meiner Familie geholfen. Also am meisten meine Mutter und meine Tante und da war ich auch sehr angewiesen drauf, weil ich sonst die Aufgaben nicht so gemacht hätte. [...] Ich hätte dann manche Aufgaben nicht verstanden, wenn meine Mutter sie mir nicht erklärt hätte und ich habe auch eine Nachhilfelehrerin, und der habe ich auch manchmal Bilder von der Aufgabe geschickt und dann hat sie mir die erklärt, aber ich hätte sie auch nicht so sorgfältig gemacht. Hätte meine Mutter gesagt: „Mach einfach die Aufgabe so wie du willst", dann hätte ich vielleicht von drei Aufgaben zwei gemacht und die dann auch nur so hingeklatscht und nicht so sorgfältig. [...] wenn [...] wir vielleicht in der nächsten Stunde eine HÜ schreiben, dann sagt meine Mutter: ‚Du setzt sich jetzt daran und lernst, dann kommst du, wenn du es richtig kannst runter und ich frag dich ab.'"

Kategorie / Fall	Partizipation
(1) Laura	„Gar nicht?"
(2) Maik	„Also ich hatte eigentlich keine Wünsche oder Verbesserungsvorschläge an die Lehrer, weil ich wusste ja selber nicht, wie ich etwas bessermachen soll."
(3) Michelle	„Es gab manchmal freiwillige Aufgaben, aber die habe ich nie gemacht. [...] Da gab es nicht so wirklich Wünsche, also nicht, dass ich wüsste. Es war nur manchmal, ob es Fragen gab [...] Also, wenn es Aufgaben gab, dann konnte ich halt meine Meinung zu der Aufgabe sagen, was ich da geschrieben habe [...]. Halt im Klassenrat konnte man sich über Sachen beschweren, zum Beispiel dass in die Videokonferenzen immer fremde Leute reingegangen sind und irgendwie Musik angemacht habe oder so, aber sonst nicht."
(4) Jan	„Nein, also die Lehrer haben uns eigentlich nichts gefragt, was Unterricht angeht. Die haben uns Aufgaben gegeben und manchmal eine Videokonferenz gemacht und sonst haben die uns eigentlich gar nicht dazu gefragt. [...] Die haben dann immer gesagt, das steht so im Lehrplan und das müssen wir so und so machen. Also nie gefragt, was wir wollten."

Kategorie / Fall	Planung des Lernens
(1) Laura	„Ich habe einfach das gemacht, was ich am frühesten abgeben muss. [...] Also ich mache das beim Lernen halt immer so, dass ich sehe, okay ich habe etwas bis morgen auf, also mache ich die Sachen. Wenn ich mit den Sachen fertig bin und noch Zeit für irgendwas habe, fange ich mit den Sachen an, die für Übermorgen sind. Weil dann hab ich die schon abgehakt und kann dann morgen die Sachen für den nächsten Tag machen. [Eigenen Lernplan gemacht:] Nein, nichts, gar nichts. [...] Ich meinte: ‚Was soll ich damit?'" *Verneint die Aussage, sich neue Methoden zu Hause angeeignet oder ausprobiert zu haben.*
(2) Maik	„Also vom Schulischen her, dass ich jetzt sage ich habe verschiedene Hausaufgaben und ich mache erst das und dann das und dann das, das mache ich eher nicht so. Im Homeschooling wusste ich halt nicht, wie ich es mir einteilen sollte [...], weil ich nicht meinen geregelten Tagesablauf hatte. [...] Ich habe halt einfach die Aufgaben gemacht, so wie ich es gedacht habe, wie ich es halt richtig fand. [...] Weil ich habe mir jetzt nicht im Prinzip gesagt, ich mache

	das und das und dann mache ich erst das, ich habe das einfach gemacht wie ich Lust und launisch [sic] war. Von den Aufgaben her, von der Reihenfolge. […] Also im Prinzip [haben] die Lehrer [das Lernen geplant], weil wir mussten ja erst zu den Konferenzen und in der Zeit, in der wir keine Konferenzen hatten oder auch nach den Konferenzen sollten wir halt unsere Aufgaben machen und die dann abgeben."
(3) Michelle	„Meine Mutter hat halt das mit dem Aufstehen und der Pause und so gemacht. Und einen Lernplan habe ich mir auch nicht so richtig gemacht. Auf Classroom gab es die Funktion einen Stundenplan zu haben, was man wann abgeben muss, aber einen Lernplan habe ich mir nicht gemacht. […] Meine Eltern müssen mich sehr oft daran erinnern, dass ich […] lerne, auch im Homeschooling […]. Die einfachsten [Aufgaben] habe ich als erstes gemacht. Die Schwierigsten habe ich eher nach hinten geschoben. […] Ich habe mir auf meinem Computer […] LibreOffice immer aufgemacht und da habe ich mir so alles zusammengeschrieben, quasi nochmal zusammengefasst. Das habe ich manchmal gemacht so vor einer Videokonferenz oder wenn wir eine HÜ geschrieben haben." *Diese Methode hat die Befragte sich während des Distanzunterrichts neu angeeignet.*
(4) Jan	„Ich habe es immer so gemacht, was ich am meisten aufhatte, also wenn ich jetzt in Englisch vier Aufgaben hatte, in Mathe drei und in Deutsch eine, dann mache ich erstmal zum Beispiel am Montag zwei Englischaufgaben, dann mache ich eine Deutschaufgabe damit ich mit der fertig bin und eine Matheaufgabe. Dann mache ich am Dienstag, wenn nichts neues dazu kommt, die restlichen Englischaufgaben und dann mache ich am Mittwoch die Matheaufgaben und dann habe ich wahrscheinlich noch GL und so, und das mache ich dann noch zwischendrin ab und zu mal."

Kategorie Fall	Lernorte
(1) Laura	„In meinem Zimmer, weil ich weiß […] dass meine Eltern und Geschwister sind meistens in der unteren Etage, weil dort der Fernseher und alles ist, also bin ich in mein Zimmer gegangen und habe das da gemacht, weil es dann einfach da ruhiger war. [Bevorzugter Ort:] Mein Bett"
(2) Maik	„An meinem Schreibtisch in meinem Zimmer."
(3) Michelle	„Ich habe in meinem Zimmer gelernt, weil unten im Wohnzimmer wäre mein Vater gewesen, der hatte auch Homeoffice. Und an meinem Laptop halt gelernt. Und in meinem Zimmer war es halt eh gut, weil da konnte ich halt wenn es mir nicht gut geht in mein Bett gehen."

| (4) Jan | Also ich habe mein Schlafzimmer genommen. Ich habe zwei Zimmer. Ein Zimmer, in dem ich eine Playstation und einen Fernseher und so habe, aber ich habe mein Zimmer genommen, in dem ich schlafe, denn da habe ich auch einen Schreibtisch, einen schönen Stuhl wo ich sitzen kann und da ist auch mein Laptop, wo ich dann auf die Aufgaben zugreifen konnte. [...] Also manchmal in den Videokonferenzen habe ich meinen Laptop abgeschlossen und bin dann ins Bett gegangen und habe mich dann bisschen hingelegt, denn auf meinem Stuhl wird es nach langer Zeit unangenehm. Aber sonst bin ich eigentlich immer da [am Schreibtisch] gewesen. |

Kategorie / Fall	Kriterien der Autonomie
(1) Laura	„Dass sie alle Hausaufgaben immer abgibt, in den Konferenzen, halt für die Konferenzen vorgearbeitet hat. Die halt auch immer pünktlich zu den Konferenzen kommt. Und auch Sachen verbessert, wenn sie es falsch gemacht hat. [...] abends meine Schultasche packe, und gucke, okay, was muss ich noch machen, die Sachen dann machen, wenn ich sie vergessen habe. Und dann am nächsten Tag nochmal checke, ob ich alles dabei habe."
(2) Maik	„Dass sie sich selbst Ziele setzt und dass man die Ziele dann auch verfolgt. [...] Ich finde es halt schon wichtig für das spätere Leben, weil man kann ja jetzt nicht das ganze Leben bei seinen Eltern leben und dann halt einfach nichts machen. Man muss ja auch für sich selber kochen und alles Mögliche. Und selber arbeiten gehen und Geld verdienen."
(3) Michelle	„Dass sie halt an die Aufgaben denkt und, dass sie halt für sich arbeitet und nicht noch andere Leute fragt und so. [...] Oh, das ist schwierig, ich würde sagen, dass man halt für sich selbst einfach ist. Jetzt sich nicht wirklich auf andere bezieht."
(4) Jan	„Also selbstständig ist eigentlich immer anders."

Kategorie / Fall	Wahrnehmung der eigenen Autonomie
(1) Laura	„Äh, wahrscheinlich, ist es bei mir so, dass ich halt nicht so selbstständig bin, weil ich viele Sachen direkt wieder vergesse. Zum Beispiel ich habe gerade an etwas gedacht, und danach nach fünf Sekunden ist es einfach weg. Ich weiß es einfach nicht mehr, was es war. Und, äh, wenn es mir halt einfällt, dann mache ich das auch alleine, aber es ist selten, dass es mir einfällt. [...] Ich räume eigentlich fast nie mein Zimmer auf, aber langsam mache ich das einfach, so aus

137

	Langeweile, weil ich meine, ich habe nichts zu tun. [... Um selbstständiger zu werden könnte ich] halt nicht vergessen, Hausaufgaben zu machen, und immer alles dabeihaben. Halt, dass ich abends meine Schultasche packe, und gucke, okay, was muss ich noch machen, die Sachen dann machen, wenn ich sie vergessen habe. Und dann am nächsten Tag nochmal checke, ob ich alles dabei habe, weil sonst ist es so, dass ich morgens nur meine Tasche packe." *Die Befragte spricht nicht mit Mitschüler*innen, Eltern oder Lehrer*innen über ihre Selbstständigkeit, handelt aber die Handynutzung, die Schlafenszeit und die Uhrzeit nach Hause zu kommen aus.*
(2) Maik	Der Befragte kann seine eigene Selbstständigkeit nicht in Worte fassen. „Also vom Schulischen her, dass ich jetzt sage ich habe verschiedene Hausaufgaben und ich mache erst das und dann das, [...] das mache ich eher nicht so. Im Homeschooling wusste ich halt nicht, wie ich es mir einteilen sollte. [...] Weil ich habe mir jetzt nicht im Prinzip gesagt, ich mache das und das und dann mache ich erst das, ich habe das einfach gemacht wie ich Lust und launisch [sic] war. Von den Aufgaben her, von der Reihenfolge. *Der Befragte spricht nicht mit seinen Mitschüler*innen, Eltern oder Lehrer*innen über seine Selbstständigkeit; weiß nicht wie er noch eigenständiger werden könnte.*
(3) Michelle	[Für] selbstständig halte ich mich nicht so wirklich, weil meine Eltern mussten mich sehr oft daran erinnern die Aufgaben zu machen, weil ich ja Internet hatte und mich sehr oft abgelenkt habe mit Social Media, aber sonst habe ich die Aufgaben immer abgegeben und daran gedacht. Das coole war, dass es halt bei Classroom per E-Mail nochmal eine Erinnerung bekommen hat sonst hätte ich halt komplett alles vergessen. [...] Also wenn ich selber lerne, dann bin ich eigentlich sehr stolz auf mich, weil ich sonst nie selber lerne und meine Eltern müssen mich sehr oft daran erinnern, dass ich für HÜs und so lerne, auch im Homeschooling war das so. [...] Ich bin eher nicht selbstständiger geworden. Ich habe mich eher darauf verlassen, dass ich die Erinnerung bekomme auf E-Mails und, dass meine Eltern mich nochmal daran erinnern. Das hat sich zum Beispiel auf die jetzige Zeit (wieder im Präsenzunterricht) ausgeweitet. Sonst habe ich früher immer die Hausaufgaben gemacht, wenn ich die aufbekommen hab, jetzt lasse ich die immer ein bisschen nach hinten stehen und mache die manchmal nur morgens im Offenen Anfang. [... Noch selbstständiger durch] vielleicht nicht so viel ablenken lassen von anderen Sachen, so auf dem Handy und so. Also ich bin sehr oft am Handy auf so Social Media, YouTube, TikTok und so. Und ich denke

	ich habe da auch eine gewisse Sucht, so nennt man das glaube ich, aufgebaut. [...] Und das halt sich halt weiterentwickelt. [...] Ja, und das würde ich halt gerne ändern und so. [...] Also es hatte auch eher damit zu tun, dass ich Internet hatte und so, aber das hat sich jetzt auch ein bissen geändert, weil meine Eltern das selber gemerkt haben, und die Internetzeiten geändert haben. [...] Ich habe halt Internetfreunde, mit denen rede ich halt manchmal über meine Probleme, aber über Selbstständigkeit eher nicht."
(4) Jan	Also selbstständig ist eigentlich immer anders. Zum Beispiel in manchen Fächern wie in Mathe verstehe ich manche Themen nicht ganz gut, dann bin ich auf die Hilfe von anderen Schülern oder anderen Lehrern angewiesen. Wenn aber jetzt zum Beispiel ein gutes Thema in Englisch kommt. In Englisch bin ich nämlich sehr gut [...]. Da bin ich sehr selbstständig und helfe auch manchmal anderen Schülern. Da sind manche Schüler, die nicht so gut sind, auf mich angewiesen. [...] Also meine Eltern müssen beide manchmal sehr lange arbeiten [...]. Deshalb bin ich, was Außerschulisches angeht, sehr selbstständig. [...] Meine Mutter ist, was Schule angeht, sehr streng, [...] wenn ich sage, der Lehrer hat gesagt wir sollen uns das mal angucken, [...] dann sagt meine Mutter: „Du setzt sich jetzt daran und lernst, dann kommst du, wenn du es richtig kannst runter und ich frag dich ab." Ich bin da nicht so selbstständig, sondern meine Mutter das eher so gemacht. Also wenn ich eine gute Note geschrieben habe, was das ihr Verdienst. [...] Also in der Schule, wie ich schon gesagt habe, bin ich bei manchen Fächern, bei manchen Themen muss ich halt andere Kinder fragen, aber zum Beispiel in GL bin ich ein ganz guter Schüler und da mache ich meine Aufgaben immer sehr selbstständig und sorgfältig und auch sehr schnell und wenn ich fertig bin, helfe ich auch anderen Schülern. [...] Also durch das Arbeiten zu Hause bin ich selbstständiger geworden, weil ich jetzt zum Beispiel die Hausaufgaben mache ich selber. Zum Beispiel in der 5. Klasse und weiter davor habe ich die Hausaufgaben immer mit meinen Eltern zusammen gemacht, aber jetzt wo das in der Homeschooling-Phase nicht ging, weil meine Eltern ja arbeiten mussten, habe ich die selber gemacht und meine Eltern haben sie dann abends nur nochmal kontrolliert. Und deshalb hat sich das auf das Arbeiten sehr gut ausgewirkt. [...] Also ich bin ein sehr fauler Mensch, also wenn ich will, könnte ich ein guter Schüler werden, nur mir sind andere Sachen wichtiger, zum Beispiel Hobbys, Freunde und so. [...] Mit meiner Mutter rede ich oft über meine Selbstständigkeit, also sie sagt, du musst selbstständiger werden und mit meinen

Mitschülern eigentlich gar nicht [...] Sie meinst damit, dass wenn ich zum Beispiel nach Hause komme mich direkt an die Hausaufgaben setze und nicht erstmal andere Sachen mache und dann erst an die Hausaufgaben gehe und dann bis 22 Uhr an den Hausaufgaben sitze. [...] Also [in anderen Bereichen meines Lebens] fordert meine Mutter nichts, denn ich räume mein Zimmer immer am Wochenende auf. Im Haushalt, ich bringe immer den Müll raus, und räume die Spülmaschine aus, Staubsauge manchmal und was meine Freizeit angeht, gehen ich auch oft mit Freunden raus, also dazu sagt sie eigentlich nichts."

Kategorie / Fall	Perzeption des Distanzlernens
(1) Laura	„Ich habe die Schule überhaupt nicht vermisst. Ich hasse Schule. Ich mochte es halt, weil ich dann halt mehr schlafen konnte und auch mehr Zeit für meine Freundinnen hatte, wenn ich die Hausaufgaben fertig hatte. Aber bei Schule konnte ich fast gar nichts halt machen. [...Ich habe mich] daran gewöhnt [...] etwas länger zu schlafen. Am Anfang war es eher besser, weil ich habe dann halt mehr Ruhe gehabt, weil ich hasse es mit vielen Menschen zu sein. Und danach wurde es etwas schlechter, weil ich mich daran gewöhnt habe, dass ich länger schlafen kann. [...] Langsam [räume ich mein Zimmer auf] einfach so aus Langeweile, weil ich meine, ich habe nichts zu tun."
(2) Maik	„Also ich habe [...] Feedback erhalten, und das war manchmal halt auch sehr viel, [...] weil ich manchmal Sachen überhaupt nicht verstanden habe. [...] Also ich finde den Präsenzunterricht definitiv besser und ich war auch sehr oft müde und gelangweilt im Distanzunterricht. Und das ist, weil ich meinen geregelten Tagesablauf nicht habe. [...]Und in der Zeit wo wir Homeschooling hatten, dass jeder irgendwie Probleme hatte und dann irgendwie verpeilt war, weil da ja viel Stress dabei war, weil man immer „hin und her switchen" musste und nicht einfach in einer Konferenz bleiben konnte. [...] Also erst hatten wir eine Konferenz, danach mussten wir schnell auf die andere Konferenz von einem anderen Fach. Dann hatten wir eine halbe Stunde Zeit, sage ich mal, damit wir die Aufgaben machen konnten, also ein bisschen, oder einfach nur kurz eine Pause machen konnten und dann mussten wir direkt wieder in die andere Konferenz.
(3) Michelle	„Also ich fand es tatsächlich besser, wenn man in der Schule ist, weil hier hat man Freunde, hier kann man direkt Fragen stellen und so. Hier kriegt man auch direkt eine Antwort. Zu Hause fand ich es zwar auch cool, weil eigentlich

	konnte man die ganze Zeit chillen, man konnte auch essen und so, aber hier ist halt besser, denn hier hat man die Lehrer direkt vor sich und man kann direkt mit ihnen reden. [...] [Die Befragte könnte sich einen dauerhaften Distanzunterricht vorstellen], aber ich fände es halt nicht so toll, da kann man die Freunde wieder nicht sehen. Aber das war auch ein bisschen nervig, denn ich glaube, dass die Lehrer selbst nicht einschätzen konnten, wie viele Aufgaben die [Lehrer*innen] jetzt aufgegeben haben. [...] Zum Beispiel in Mathe hatten wir so einen Wochenplan und der war sehr viel und dann haben wir halt in anderen Fächern auch sehr viel gehabt und dann hat sich das so überkreuzt, dass man sehr lange dran saß. Deshalb glaube ich, dass die Lehrer das auch nicht im Blick hatten. [...] Ich war immer am Laptop halt und hatte halt Classroom und so offen und da bin ich auch manchmal auf YouTube gegangen [...oder] ich bin sehr oft am Handy auf so Social Media, YouTube, TikTok und so. Und ich denke ich habe da auch eine gewisse Sucht, so nennt man das glaube ich, aufgebaut. Ich gucke halt pro Tag schon mehr als 10 Videos und das ist halt eigentlich nicht normal für mich halt, denn früher war ich fast gar nicht am Handy. Ja, und das würde ich halt gerne ändern und so. [...] Sonst habe ich früher immer die Hausaufgaben gemacht, wenn ich die aufbekommen hab, jetzt lasse ich die immer ein bisschen nach hinten stehen und mache die manchmal nur morgens im Offenen Anfang."
(4) Jan	„Manchmal hätte man sich so gedacht, jetzt könnte mir mein Lehrer das nochmal gut erklären, weil wenn ich in der Schule sitze dann erklärt er mir das ins Gesicht und muss das nicht über die Lernplattform schreiben oder so. Das mit dem Wechselunterricht fand ich eigentlich sehr gut, weil man konnte dann zu Hause sein und die Sachen machen und wenn man dann am nächsten Tag Fragen hatte, konnte man die direkt fragen. Das fand ich eigentlich sehr gut. Also die Schule habe ich eigentlich eher weniger vermisst, also immer unterschiedlich, je nachdem. [...] Ich finde diesen Wechselunterricht sehr gut, wie schon gesagt, wenn man jetzt zum Beispiel Fragen hat, kann man zu Hause gucken und in die Schule kommen und die Fragen werden beantwortet. Und das ist nicht so wie bei der Lernplattform, wo man fast nichts beantwortet bekommt. Oder auch wenn man jeden Tag in der Schule ist, wird das auch auf lange Zeit stressig, denn man muss dann direkt für den nächsten Tag die Hausaufgaben haben. Wenn man jetzt zum Beispiel einen Tag frei hat oder muss man montags zum Beispiel was machen, dann hat man Dienstag den ganzen Tag Zeit, um die Aufgaben zu erledigen, also war das schon einfacher."

Kategorie / Fall	Auswirkungen auf Leistungen
(1) Laura	„Es war halt so, dass ich etwas schlechtere Noten zuerst hatte, weil […] ich mich daran gewöhnt habe, dass ich länger schlafen kann. Aber danach ging es irgendwie ein bisschen besser. […] Sagen wir bisschen schlechter geworden. […] Zu Hause sind meine Noten dann etwas runter gegangen. Dann habe ich mir vorgenommen, weil ich eigentlich die Schule wechseln wollte […] Und dann haben die halt gesagt, wenn ich zurück auf [ein Gymnasium] möchte, muss ich halt bessere Noten haben. Also habe ich versucht, wenigstens in den Hauptfächern gute Noten zu bekommen, besonders in Mitarbeit."
(2) Maik	„Also ich hatte das Gefühl, dass meine Noten schlechter wurden […], weil ich nicht meinen geregelten Tagesablauf hatte."
(3) Michelle	„Ehm, das kam wieder aufs Fach an. In vielen Fächern habe ich mich verbessert, weil ich ja Internet zur Verfügung hatte und da zum Beispiel in Englisch Übersetzer benutzen konnte und so, da habe ich dann nicht so viele Rechtschreibfehler gemacht. Aber in Mathe zum Beispiel habe ich das Thema nie verstanden und dadurch bin ich jetzt, als ich wieder zur Schule kam total abgerutscht in Mathe und verstehe fast gar nichts. Also es kam auch auf das Fach an. […] In Englisch, da hab ich mich verbessert in der Sprache, […] aber dann habe ich mir auch so gedacht: ,Ja, okay, aber das hat ja jetzt das Internet für mich gemacht.' […] Also in der 5. Klasse war ich eher so strebermäßig, aber es geht jetzt immer weiter runter, weil ich halt den Weg zu Social Media mehr gefunden habe und so. Deshalb denke ich, dass ich jetzt eher schlechter werde."
(4) Jan	„Sehr schlecht, also ich war in der Grundschule eigentlich ein guter Schüler. Ich hatte einen Zweier-Durchschnitt, auch in der 5. Klasse. Und ab der 6. Klasse, wo wir mit der Lernplattform angefangen haben, da gingen meine Noten runter. […] Ich glaube das Zeugnis jetzt wird auch kein gutes Zeugnis, weil ich in jeder Arbeit eine Vier oder Fünf hatte. […] Also ich bin ein sehr fauler Mensch, also wenn ich will, könnte ich ein guter Schüler werden, nur mir sind andere Sachen wichtiger, zum Beispiel Hobbys, Freunde und so."

Kategorie / Fall	Erwartungen an die Schule
(1) Laura	„[Lehrer*innen bringen die Befragte voran,] indem sie nicht so viel aufgeben, weil dann kann ich mich mehr auf eine Sache konzentrieren, obwohl ich mich eigentlich gar nicht

	konzentrieren kann. Weil wenn sie so viel aufgeben, denke ich mir, okay, ich muss das jetzt schnell machen, und dann das schnell machen, auch wenn es falsch ist am Ende. Weil wenn sie nicht so viel aufgäben, könnte ich mich auf eine Sache mehr konzentrieren."
(2) Maik	„Ich erwarte eigentlich gar nichts von meinen Lehrern im Prinzip, weil ich mache das einfach so wie ich das denke und wenn es falsch ist, verbessere ich es halt. [...] Weil ich es ja selbst nicht besser weiß. [...] Also ich habe über Classroom Feedback erhalten, und das war manchmal halt auch sehr viel [... aber] Ich finde es eigentlich ganz okay, weil aus Fehlern lernt man." *Findet es wichtig, ausführliche Rückmeldungen von den Lehrer*innen zu erhalten.*
(3) Michelle	„Ehm, dass sie mir Fragen stellen oder öfter halt zu mir kommen und fragen ob ich es verstehe oder ob ich Schwierigkeiten habe im Unterricht. Und online auch über die Aufgabe darüber gucken und sehen, wo die Fehler sind und mich dann fragen, ob ich da nochmal Hilfe brauche, weil ich mich selber zum Beispiel nicht getraut habe, in den Videokonferenzen zu sagen, dass ich eine Frage habe, das war für mich zum Beispiel sehr schwierig. [Erwartungen an die Lehrer*innen die Selbstständigkeit der Befragten zu fördern:] Nein, eigentlich nicht. Ich glaube das muss ich selber machen."
(4) Jan	Also sie sollten mehr auf die Schüler eingehen, also sie sollten nicht vorne stehen, und sagen: „Wenn jetzt noch jemand Fragen hat, dann sag die Fragen", sondern wenn wir jetzt Aufgaben bearbeiten, dann sollen sie nicht vorne rumsitzen und einfach auf uns drauf gucken, sondern sollten rumgehen und auch mal Leute ansprechen: „Hast du dazu jetzt eine Frage? Wo bist du jetzt dran?" Sie sollten sich mehr darauf konzentrieren uns zu helfen, anstatt einfach nur rumzusitzen und uns Aufgaben zu geben und zu hoffen, dass die Stunde gleich vorbei ist. [...] Also wie ich schon gesagt habe, sollten sie zu uns hingehen und zum Beispiel auf die Aufgabe gucken und sagen: „Also das ist jetzt falsch. Das musst du jetzt neu machen. Ich erkläre dir das kurz". Und nicht einfach nur vorne sitzen und wenn die Aufgaben besprochen werden und wenn jemand etwas Falsches sagt, nicht einfach sagen das es falsch ist, sondern auch erklären und sagen wie es richtig geht."